叢書・ウニベルシタス　1133

抹消された快楽

クリトリスと思考

カトリーヌ・マラブー
西山雄二・横田祐美子 訳

法政大学出版局

アンヌ・デュフマンテールの思い出に
喜びをめぐる彼女の思索に共鳴しつつ

抹消された快楽――クリトリスと思考　目次

凡例

一　本書はCatherine Malabou, *Le plaisir effacé: Clitoris et pensée*, Paris: Payot & Rivages, 2020の全訳である。

二　『』は原書の書名イタリック。

三　傍点は原書の強調イタリック。

四　「」は原書の引用符。

五　（）［］は原書に準じる。

六　〔〕は訳者による補足。

七　原註および訳註は行間に通し番号（1、2、3……）を付して側註とし、訳註は冒頭に〔訳註〕と記した。

抹消された快楽——クリトリスと思考

ああ、クリトリス、揺れ動く神秘的なルビーよ
神像のトルソに飾られた宝石のごとく、光沢を放って

——ピエール・ルイス「クリトリス」

1　さまざまな抹消

クリトリスとは性的な想像力という大きな履き物のなかに潜んでいるごく小さな石である。ギリシア神話における若きクレイトリスはそのとても華奢な体つきで知られており、「小石のように」細いと言われていた。[1] 長いこと隠され続け、名称を欠いたまま、その芸術表現を奪われ、医学的治療法がなく、しばしば当の女性たちからも無視されてきたクリトリスは数世紀ものあいだ、この語の原初的な意味で、疑念〔*scrupule*〕[2]という存在、つまり、調子を妨げ、精神を苛む豆粒でしかなかった。[3] クリトリスという言葉の語源は不確かで、「丘」（*kleitoris*）と「留め金」（*kleidos*）のあいだにその形態を位置づけることができる。クリトリス――じっととどまったまま、抵抗し、良心を責め立て、踵を砕く[4]この膨らみを帯びた小さな秘密とは、快楽にし

（1）〔訳註〕クレイトリスはアイギーナ島に住むミュルミドン族という小人族の娘であり、クリトリスはこの女に由来するとも言われる。好色のゼウスは小さな彼女を誘惑するために、蟻の姿に変身した。

（2）〔訳註〕フランス語 scrupule はラテン語 scrupulus に由来する。この語は「荒削りでとがった石」、さらには「不安、疑念」を意味し、古代ローマの帝政時代に一オンスの二四分の一の重量単位としても用いられた。

（3）二〇一九年になってようやくフランスでは、「中等教育の五つの教科書でクリトリスの完全な解剖図が掲載されるようになった」。（Marlène Thomas, « Cinq manuels de seconde représentent désormais l'anatomie complète du clitoris », *Libération*, 4 octobre 2019）

（4）〔訳註〕『創世記』（3:15）において神が蛇に告げた言葉、「お前と女、お前の子孫との間にわたしは敵意を置く。彼はお前の頭を砕き、お前は彼のかかとを砕く」（新共同訳）が示唆されている。蛇は女を誘惑し、

か役立たない――それゆえ、「何の」役にも立たない――唯一の器官がもっている秘密である。それは全体をなす無、途方もない無であり、女の享楽の全体ないしは無である。

クリトリスという言葉を最初に解剖学的に使用したのはエフェソスのルファスである。[5] 一～二世紀のギリシアの医師だった彼は同義語によってこの言葉のかくれんぼ遊びをしている。「小陰唇」、あるいは「銀梅花の実」[6] は〔裂け目の〕真ん中に垂れ下がっている筋肉質の小さな部位である。これを「皮下組織」と呼ぶ人もいれば、クリトリスと呼ぶ人もいて、また、淫蕩のためにこの部分を愛撫することを説明するために「クリトリスをする」とも言われる」。[7] フランス語においてこの名は一五七五年、アンブロワーズ・パレ[8]の文章に現れる。彼は cleitoris と記しているが、のちに一五八五年の『著作集』では不思議なことにこの語を削除している。[9] だからこそ、ガブリエレ・ファロッピオ[10]（有名なファロピウス管の考案者）は一五六一年に〔『解剖学観察』で〕この言葉を発見したと主張することができた。クリトリスという言葉は生まれるとすぐに抹消されてしまったのだ。

二一世紀の話だが、ある婦人科医は、ペニス、張形、指、舌を接触させる性交の際にクリトリスがいかに働くのか、いかに動くのか、挿入[11]や愛撫のあいだにいかなる態勢をとるのかを男性陣を前に説明して唖然とさせている。[12] クリトリスはヴァギナ〔膣〕の共謀者、チームメイトであるが、孤独な享楽者でもある。クリトリスはエロスの二重の動向で活発になる。すなわち、

楽園の中央になっている禁断の果実を食べるように仕向けるが、この出来事から人間と蛇（サタン）の敵対関係が始まり、続いていくことになる。

（5）〔訳註〕エフェソス（現在のトルコ西部）のルファス（Rufus d'Éphèse : 80–150?）はギリシアの医学者。彼の卓越した臨床観察の成果は、のちに体系的な医学を確立したガレノスにも引き継がれている。

（6）〔訳註〕「銀梅花」は地中海沿岸を原産とする常緑低木の植物。古代ギリシアでは女神アプロディーテー、古代ローマでは女神ヴィーナスの聖花とされ、その属性たる愛や純潔を象徴するため、結婚式などで装飾として用いられた。

（7）Rufus d'Éphèse, *Du nom des parties du corps humain*, Paris, Daremberg-Ruelle, 1879, p. 147.

（8）〔訳註〕アンブロワーズ・パレ（Ambroise Paré : 1510–1590）はフランスの王室公式の外科医で解剖学者。外科技術の発展に多大な貢献をし、近代外科学の父と呼ばれている。「我包帯す、神癒し賜う」という言葉を残している。

（9）Michèle Clément, « De l'anachronisme et du clitoris », *Le Français préclassique*, n° 3, Paris, Champion, 2011, p. 27–45、さらに Christian Boudignon, « Vous parlez grec et vous ne le saviez pas », *Connaissance hellénique*, n° 28, 7 juillet 2014を参照されたい。

（10）〔訳註〕ガブリエレ・ファロッピオ（Gabriele Falloppio : 1523–1562）はイタリアの解剖学者、医師。パドヴァ大学の解剖学・植物学教授として研究を重ね、その成果は一五六一年の『解剖学観察』にまとめられている。彼が提唱したファロピウス管は哺乳類や鳥類に存在する卵巣と子宮を結ぶ管のこと。

（11）〔訳註〕フランス語pénétrationは性行為における男性器の挿入を指す。ただし、マラブーは女性器への挿入の暴力が女性も含めてあらゆる人々から起こりうることも考慮している。「良くも悪くも、女性の挿入、より正確に言えば、女性による女性的なものの挿入の可能性のことを考えなければならない」。（Catherine Malabou, *Changer de différence*, Galilée, 2009, p. 33）

挿入されたヴァギナの運動とともに振動し、山の稜線のようにそびえ立つときには硬化するのだ。これら二つの動向は同時に起こることもあり、どちらか一方を欠いたまま生じることもある。どちらか一方の動向を選ぶことなく、クリトリスはさまざまな二分法の向きを変えるのである。

こうした二重の生命力はすでに異性愛規範を問いに付しているのだが、この生命力はまた、数世紀ものあいだ気づかれないままだった。クリトリスを認識する最初の形式において、それはペニスと同一視され、いささか誤認されるばかりだった。女児を何かが欠落した男児とみなすフロイトの理論はよく知られている。つまり、女性器には不在の形式があるのだ。去勢の傷跡たるクリトリスは女たちにとっての欠落した処女性なのである。フロイトはさらに、彼なりのやり方でユニセックスのモデルにとりつかれていた。トマス・ラカーがその大胆な著作『セックスの発明——性差の観念史と解剖学のアポリア』[13]で主張するところでは、古典古代から一八世紀までワンセックスという見方が重要であり、解剖学による男女の差異は取るに足らないものだった。実際、性はひとつしかなく、女性器は身体の内側にあり、男性器は外側にあると信じられていたのだ。のちにクリトリスが解剖学的に発見されてからも、こうした図式が全面的に追い払われることはなかった。

このような図式から、レズビアンが倒錯した男であるという空想的な発明が生じて、シモー

ヌ・ド・ボーヴォワールによって根本的に論難されることになる。(14)

不具のペニスたるクリトリスは同時に、過剰な享楽につねに結びつけられてきた。生殖の能力を欠いている存在。抹消されてはいるが、しかし淫奔な存在である。ある伝説によると、ふくよかなクリトリスをもった一部のゴルゴンたち(15)は永遠の自慰を強いられたという。ちなみに、クリトリスの切除——陰核切除術——は女を二度去勢して、その熱情を抑えるための治療手段

(12) Odile Buisson, « Le point G et l'orgasme féminin », conférence TED, série Les ERNEST, 7 juin 2014. 未知なる「Gスポット」〔医師グレフェンベルクにちなんで命名された女性の性感帯〕の存在が問われる見事な講演である。

(13) Thomas W. Laqueur, *La Fabrique du sexe. Essai sur le corps et le genre en Occident*, trad. de Michel Gauthier, Paris, Gallimard, 1992.〔原書は *Making Sex: Body and Gender From the Greeks to Freud*, Cambridge: Harvard University Press, 1990. 日本語訳はトマス・ラカー『セックスの発明——性差の観念史と解剖学のアポリア』高井宏子・細谷等訳、工作舎、一九九八年。〕

(14) シモーヌ・ド・ボーヴォワールの『第二の性』の〔第二巻第一部〕第四章「同性愛の女」を参照されたい。また、ヴァレリー・トラウブはこう主張している。「精神分析が誕生して以来、クリトリスと「レズビアン」は不名誉な姉妹として互いに関係づけられてきた。一方が他方の邪魔をするしるしとなっているのだ」。(Valerie Traub « The Psychomorphology of the Clitoris », *GLQ*, vol. 2, 1995, p. 82)

(15)〔訳註〕ゴルゴンはギリシア神話に登場する三姉妹(ステンノー、エウリュアレー、メデューサ)の怪物。髪が蛇、手が青銅でできているゴルゴンは黄金の翼で飛び回り、その目を見た者を石に変える。

として登場した。それは快楽を際限なく根本的に解決する方法である。

クリトリスの切除はあらゆる文化に現存している。たいていの場合、アフリカのことが考えられるが、アフリカだけでおこなわれているわけではない。西洋においても、ヒステリーやニンフォマニア(16)〔女子色情症〕の治療として実施されていた。クリトリスを切断する方法はいくつもある。もちろん、物理的に切除する方法がある。しかし、多岐にわたる種類の心理的な切除もある。ニンフォマニアの対極をなす想像上の不感症はその一種である。

不在とみなされ、切除され、切断され、否認された存在。クリトリスは否定とは異なる仕方で、精神、身体、無意識のうちに存在しうるのだろうか。

*

状況は進歩してきた、と人々は言ってのけるだろう。たしかにその通りだ。解剖学上にしろ、象徴的な意味にしろ、政治的な仕方にしろ、クリトリスが実在していることは今日、実に多様な視座を通じて、さまざまな文化において、いくつもの実践によって、そして、戦闘的でパフォーマンス的な振る舞いによって当然視されている。プッシー・ライオット(17)——文字通りには、「子猫＝女性器の叛乱」——のナジェージダ・トロコンニコワは、「クリトリス革命をなさねばならない！」と主張している。

最近、さまざまな書籍が刊行されており、幸いなことに、クリトリスが目に見えない状態を払いのけている。[18] 快楽に関するまったく新たな地理学、美学、倫理が頭角を現しており、異性

(16)〔訳註〕「ニンフォマニア（nymphomania）」はギリシア神話のニンフを語源とする精神医学用語で、女性の異常な性欲亢進を指す。男性の事例は「サチリアージス」と呼ばれ、こちらはギリシャ神話のサテュロスが語源となっている。

(17)〔訳註〕プッシー・ライオット（Pussy Riot）は、二〇一一年に結成され、モスクワを中心に活動するロシアのフェミニスト・ロックグループ。一〇名ほどの女性で構成されており、フェミニズムや同性愛者の権利を擁護し、ロシアの強権的体制を批判すべく、公共空間でゲリラ的パフォーマンスを展開している。ここで引用されているナジェージダ・トロコンニコワの言葉は、二〇一六年四月のインタビュー記事からのもの。「私たちは「女性器《プッシー》」と言うようにみんなに教えました、そしていま、「ヴァギナ」と言おうと教えなければなりません。二つの新曲では、「クリトリス」という言葉を使いました。私たちがこの言葉を発せられること、それについて話すのはよいことだと人々に理解させることが重要です。〔…〕クリトリス革命をなさねばならないのです」。« Rencontre avec une membre des Pussy Riot : « Il faut faire la révolution du clito ! » », https://www.grazia.fr/news-et-societe/news/rencontre-avec-une-membre-des-pussy-riot-il-faut-faire-la-revolution-du-clito-!-810617

(18) Cf. Delphine Gardey, *Politique du clitoris*, Paris, Textuel, 2019 ; Camille Froidevaux-Metterie, *Le Corps des femmes. La bataille de l'intime*, Paris, Philosophie Magazine Éditeur, 2018 ; Maïté Mazaurette et Damien Mascret, *La Revanche du clitoris*, Paris, La Musardine, 2016 ; Michèle Clément, « De l'anatomisme et du clitoris », *Le Français*

愛の母型を越えてさらに広がり、「挿入の彼方」[19]という短い表現でその概略が示されている。

フェミニズムの内部でも戦線は揺れ動いてきた。フェミニズムの第二世代から第三世代、そしてきわめて現代的なトランスフェミニズムに至るまで、その言説は変容してきた。クリトリスが女を排除するしるしだと指摘することはもはや問われていないし、それだけが問われているわけではない。クィア、インターセックス、トランスセックスといったアプローチによって、クリトリスはかならずしも女だけのものではなく、セクシュアリティ、快楽、ジェンダーといった伝統的な見方を覆すリビドー装置の名となった。これは別の外科学、別の想像力である。ポール・B・プレシアドが叫んだように、今後は、排他的なモデルも普遍的なモデルも欠いたまま、「腹腔神経叢にクリトリス」[20]を接続することができるし、誰もがみなそうすることができるのだ。

だがしかし、である。

*

だがしかし、と私が書き付けるのは、おそらく実際には何も変わっていないからだ。一方で、性切除はいまだにおこなわれているからだ。いまだに数百万人の女性たちが快楽を禁じられているからだ。クリトリスはいまだに、心理的にも、物理的にも、抹消された快楽の器官であるからだ。そして、ある抹消を払いのけても、結局、おそらくはクリトリスを別の仕方でつねに抹消することになるからだ。ある現実を認めることは、別の方法で現実を誤認することではないだろうか。光をもたらすことはつねに、暴力をなすことではないだろうか。一方の手で好意的に愛撫しても、他方の手で何かを抹消してしまうのだ。

*

クリトリスの歴史はたしかに、〔この部位が〕抹消された状態から目に見える状態へ、削除された状態から実在する状態へと至る直線的な道程として、進歩として読み解くことができる。今日、クリトリスはついに、少なくともいくつかの国々と環境でその存在の尊厳を見出したの

---

préclassique, n° 3, Champion, 2011, p. 27–45 ; Sylvie Chaperon, « “Le trône des plaisirs et des voluptés” : anatomie politique du clitoris, de l'Antiquité à la fin du xixe siècle », *Cahiers d'histoire. Revue d'histoire critique*, n° 118, 2012, p. 41–60.

（19）Martin Page, *Au-delà de la pénétration*, Paris, Le Nouvel Attila, 2020.

（20）Paul B. Preciado, *Un appartement sur Uranus*, Paris, Grasset, 2019, p. 258.

だろう。しかしながら、この「進歩」の各々の局面、各々の区切りにおいて、深淵のようなものが広がっている。実際、クリトリスが実在することを当然のごとく要求し、その構造を解剖して克明に描き、その重要性を主張し、その雲隠れした状態に終止符を打つべく行為遂行的《パフォーマティヴ》な肯定とかみ合わせるだけで事足りるわけではないのだ。ありとあらゆる読解と研究によって私が到達した結論によれば、比喩的な意味で、クリトリスに言及すること、おそらくまた、本来的な意味で、クリトリスに触れることは隔たり〔*écart*〕の経験をなすことに等しい。クリトリスは隔たりのうちにしか存在しない。この主張はクリトリスの自律性やその器官の強度を危うくするわけではないが、しかし同時に、逆説的なことに、クリトリスをそれ自体でこの上なく完成されたもの、統一されたもの、集約されたものとみなすことを困難にもする。

　クリトリスとヴァギナ——数多くの分析や精神分析の対象——の隔たり。クリトリスとペニスの隔たり。クリトリスとファロス〔男根〕の隔たり——ペニスとは反対に、ファロスの法に従うことを拒絶するクリトリス。生物学的なものと象徴的なもの、肉と意味の隔たり。そして、フェミニズムのさまざまな「主体」のあいだの隔たり、また同時に、さまざまなフェミニズム自身のあいだの隔たり。さまざまな身体のあいだの隔たり。解剖された性器の宿命とジェンダーの社会的な可塑性の隔たり。生まれながらの所与と手術の介在の隔たり。「女」という生き方の要求と「女」というカテゴリーの棄却の隔たり。「私たち女」と多種多様な経験——「私たち」や「女」を統一したり普遍化したりすることを妨げる経験——の隔たり。

隔たりは差異でさえない——自同者と他者の差異、自己への差異でさえない。差異——性的差異も含めて——とは隔たりをもたらす状況でしかない。隔たりは差異の逆説的な同一性を破断し、そこに潜む多様性を明らかにするのだ。

そうなると、隔たりのこうした多様性を認めるために、ひとつの器官、身体ないし性器の一部分——クリトリス——が選ばれていることに驚かれる向きもあるだろう。他の部位ではなく、かならずしも生殖に関係しないクリトリスなるものを特権化するのはなぜだろうか。

その理由は、クリトリスが無言のシンボルだからである。

まず第一に、クリトリスについてあえて語ろうとした哲学者たちは片手の指で数えられるほどだが、彼ら男たちにおいては、女の身体の別の部分——たとえば、胸、ヴァギナ、小陰唇——への参照がいくつもみられる。哲学の言語表現がもたらす男性優位主義はもはや謎めいた秘め事ではない。ジャック・デリダはまず最初に、こうした男性優位主義を「男根中心主義」や「男根ロゴス中心主義」と命名し、その主要な特徴を問いに付すべく脱構築の試練にかけた。[21]

(21) これらの名詞が指し示しているように、「男根中心主義」や「男根ロゴス中心主義」はジャック・デリダにおいてファロスの象徴体系に与えられた中心的な場を示している。たとえば、Jacques Derrida, *Glas. Que reste-t-il du savoir absolu ?*, Paris, Galilée, 1974, p. 85 sq. を参照されたい。

その主要な特徴とはたとえば、ファロスの直線性、屹立状態〔勃起〕（立っている状態にあるあらゆるものの建築術的モデル）、可視性、象徴性に特権が与えられ、また同時に、女が素材－母型[22]、母親、ヴァギナ－子宮へと単純化されるといった特徴である。哲学において、女の快楽は一度も問われていないのである。

ミシェル・フーコーは『性の歴史』においてクリトリスについて一行も割いておらず、ただ、両性具有者の「怪物じみた」クリトリスを想起するだけである[23]。それ以外に、彼は「快楽の活用[24]」におけるクリトリスの役割をまったく検討していない。その理由はおそらく、この主題に関して、「抑圧的な仮説[25]」を全面的に問いに付すことが困難だからだろう。

男根ロゴス中心主義は西洋の哲学的言説をその起源から編成し、なおも統治している。それでもなお、哲学に課せられた学術的かつ倫理的な責務のひとつはつねに、何らかの理由で隠され、秘められ、しばしば抑圧され続けてきた、現実のいくつかの面に光を当てることであった。哲学においてクリトリスを語ることは、それゆえ、クリトリスが現れるように呼びかけることである。しかし、クリトリスをふたたび隠蔽することなく、いかにして現れさせればよいのだろうか。哲学の言語表現が論理的な切除であるならば、実際、クリトリスをいかに思考するべきだろうか。

第二に、女性の哲学者たちがこうした矛盾を解消し、クリトリスを思想に導入しようとしたが、彼女らは第三、第四世代のフェミニストらによって批判され、さらには嘲笑されたのだった。『第二の性』——数多くの人々が正当な理由で哲学書とみなす本——において、ボーヴォワールは勇敢にもクリトリスと概念を突き合わせて、女の性的な「二つの器官」を語り、かならずしも生殖とは結びつかない快楽の特異性を公然と論じた。だが、彼女のアプローチは本質主義的と判断され、女の同一性を想定して、その探求に固執しすぎているとされた。

それ以来、性の固定性を批判し、その自然性や二元性を批判することで、ポスト性的差異を掲げる別の理論が現れてきた。それらの理論は、哲学と政治、支配的な言語とマイノリティの

---

(22)〔訳註〕フランス語のmatière（素材）もmatrice（母型）もラテン語materに由来する。

(23) Cf. Stefanos Milkidis, « Foucault : On the Monstrosity of the Hermaphroditic Body », *Queer Cats Journal of LGBTQ Studies*, vol. 2, n° 1, p. 1–12 ; Josée Néron, « Foucault, l'histoire de la sexualité et la condition des femmes dans l'Antiquité », *Les Cahiers de droit*, vol. 36, n° 1, 1995, p. 246–291.

(24) ミシェル・フーコーによる『性の歴史』の第二巻は「快楽の活用」（Michel Foucault, *L'Usage des plaisirs*, Paris, Gallimard, 1984〔ミシェル・フーコー『性の歴史II——快楽の活用』田村俶訳、新潮社、一九八六年〕）を検討している。

(25)「抑圧的な仮説」はフーコーにとって、とりわけ性の禁止や検閲の源泉たる権力の通常の表象に相当する。フーコーの説明によれば、実際のところ、タブーこそがみずからが抑圧する性をいわば創造する。Michel Foucault, *Histoire de la sexualité*, t. I : *La volonté de savoir* (1976), Paris, Gallimard, coll. « Tel », 1994, p. 14〔ミシェル・フーコー『性の歴史I——知への意志』渡辺守章訳、新潮社、一九八六年、一四頁〕を参照されたい。

言語、ヨーロッパ中心主義と脱植民地主義的アプローチのあいだで別の隔たりを開き、現在もなお切り開き続けている。クリトリスはかくして、女の特権たる「生殖器官」というその単純な地位を欠いたものになった。では、二項対立的ではない主体にとってクリトリスなるものとは何だろうか。男にも女にも同一化されない性質とは何だろうか。「器官や解剖のフェティッシュ化、生理学への集中」から抜け出すときが来たのではないか、とデルフィーヌ・ガルディは正当にも問うている。彼女は続けてこう言っている。「これは、たとえば、「各部分からなる」身体の産出において争点となっている、身体やエロス的なものの考え方を問うジュディス・バトラーが私たちに示唆していることである(26)」。

だが、セクシュアリティ、ジェンダー、身体に関するこれらの新たな展開は、たとえそれらが必然的なものであるとはいえ、ある抹消の形式に独自の仕方で委ねられなかったとたしかに言えるだろうか。

クリトリスはいわば生まれたばかりの子のようにかろうじて姿を現したというのに、その姿を描くことをなぜ拒まなければならないのか。シモーヌ・ド・ボーヴォワールやリュス・イリガライの著述、さらにはカルラ・ロンツィやシルヴィア・フェデリーチのようなイタリアのラディカル・フェミニストたちの著述がまちがいなく時代遅れであるとなぜ考えなければならないのか。大胆にもはじめてクリトリスが語るがままにさせようとした彼女らになぜもはや耳を傾けないのだろうか。

本書で私が支持する立場は、ターフ[27]（トランス排除的ラディカルフェミニスト）から距離を取るラディカル・フェミニズムの立場である。ターフの考えでは、トランスをめぐる闘争は女の権利をめぐる闘争の特有性を目に見えないもの、聞きとれないものにしてしまう[28]。また、性別の二分法を金科玉条とみなし、みずからが過剰なジェンダー理論と考えるものを糾弾し、LGBTの育児を拒絶し、男性優位主義への譲歩を続ける立場があるが、私はそうした立場から

（26）Delphine Gardey, *Politique du clitoris*, *op. cit.*, p. 145–146. Judith Butler, *Trouble dans le genre. Le féminisme et la subversion de l'identité* (1990), Paris, La Découverte, 2005, p. 228 sq.〔ジュディス・バトラー『ジェンダー・トラブル 新装版――フェミニズムとアイデンティティの攪乱』竹村和子訳、青土社、二〇一八年、二〇五頁〕も参照されたい。
（27）〔訳註〕TERF（ターフ）はTrans-exclusionary radical feminist（トランス排除的ラディカルフェミニスト）の略称。トランス女性は完全な女性ではないため、男女平等のための闘いや女性専用のスペースに参加するべきではないと主張するフェミニストを指す。二〇二〇年、『ハリー・ポッター』の作者J・K・ローリングが「生理がある人々」を「女性」と呼ぶべきだとウェブ記事で発言し、トランス女性への差別発言をするターフとして批判された。
（28）TERFとSWERFという言葉はしばしば結びつけられる。SWERFは「セックスワーカー排除ラディカルフェミニズム（Sex-Worker-Exclusionary Radical Feminist）」の頭字語で、売春行為を抑圧の形式とみなして反対するフェミニストらの名称である。

もかなり距離を取っている。しかし、私は反対に、ラディカル・フェミニズムがかつてのフェミニスト――まさにフェミニズムの創始者たち――を全面的にお払い箱にしようとする態度は退ける。

クリトリスはあいかわらず、今日でもなお、傷跡をとどめている。この傷を表現する言葉が浮かんできては波のごとく砕けてしまい、やっと現れたかと思うと引き退いていく。それはつまり、クリトリスが欠如の場、意味するものの場、文字の場であり、対象a、b、cやzの場であるということではない。そうではなく、状況は実に単純で実に複雑なのだ。クリトリスが女のものであることが必然ではないとしても、クリトリスは女性的なものの謎めいた場のままである。要するに、クリトリスはいまだみずからの場を見出していないのである。

私は本書でこのクリトリスの場を一連の筆遣いで粗描してみたい。これらの筆遣いは同時に生じる啓示と消失からなり、各々の筆遣いが互いに隔てられ、異なるタイプの言説から採取されていて、階層秩序もなく、判断も含んでいない。読者のみなさんは順番に――フェミニズムの時系列が尊重されている――、あるいは無秩序に――円環が形成されている――読むことができる。

私は何かを証明するつもりはなく、ただ、複数の声が聞こえるようにしたい。そうすることで、今日、女性的なものを語るという極度の困難と極度の緊急性のあいだで自分のバランスを保ちたい。

私の筆遣いそのものがエクリチュールの小さなクリトリスである。なおも疑念を含んでいるが、一度も思考の器官になったことのない快楽の器官という地位を、その形象を示すことなく、素描するのである。

2　女神のようなもの（ニンフ1）

尿の放出を方向づける機能が割り当てられたために、ニンフと呼ばれる二種類の小陰唇は［…］大陰唇内の外陰部の上半分を縁取っている。

——ジョルジュ・キュヴィエ『比較解剖学教程』(29)

ニンフには意味の二重の源泉がある。一方で、ニンフは神話上の神聖な生き物である。他方で、外陰部の小陰唇であり、しばしばクリトリスの誤った同義語とされている。(30) こうした混同は何を隠しているのだろうか。

＊

ニンフとは誰だろうか。「ホメロスの神話はニンフを、オリンポスの神々よりも下位にある女神（θεαί）として表現している。神々はしかしながら、重要な問題を討議する際、この女神たちを自分たちの仲間として認めなかった。ジュピターの娘であるニンフたちは地上に住み、森のなか、山頂、川の源流付近、平原や洞窟で暮らしていた。『イリアス』や『オデュセイア』

(29) Georges Cuvier, *Leçons d'anatomie comparée*, t. 5, Paris, Crochard, 1805, p. 122.

(30) 〔訳註〕「ニンフ」はギリシア神話に登場する、川や山、樹木に宿っている精霊あるいは女神たちのこと。若く細身で、半裸の乙女の姿をしており、舞踏と音楽を好む。恋多き存在で、ゼウスやヘルメスといった神々の寵愛を受け、サティロスやパンなどの好色な牧神たちとも戯れ、人間の美青年も誘惑した。古代ギリシア語 nymphē は普通名詞として「花嫁、新婦」も意味した。フランス語 nymphe は容姿端麗な「美少女」も意味する。nymphe は解剖学用語では「小陰唇」を指し、また、完全変態昆虫の幼虫と成虫のあいだの状態である「若虫」をも指し示す。

では、ニンフたちはディアナに付き従い、この女神の周囲で踊りを踊っていて、人間たちの運命を見張り、木々を植え、野禽獣を司っている。特別な儀礼において、メルクリウスと共に、人々はニンフたちに身を任せたのだった」(31)。もっとも流布しているニンフのイメージは、優美な少女たち、自然の生き生きした力、女神のようなものといったイメージである。

たいていの場合、ニンフは、サテュロス〔快楽を好む半人半獣の精霊〕に追い回される、ひとを寄せつけない生き物の形で現れるのだが、逆に、数多くの恋愛沙汰で知られる、サテュロスの女性版——情熱に駆られた女——として表現されることがある。ここからのちに「ニンフォマニア」という言葉がつくられる。

解剖学上の不正確さから、実際はクリトリスであるところがニンフと名づけられたので、ニンフォマニアはそれ以来、焼けつくようなクリトリスという奇妙な名のついた生き物を示すようになった。

神話のニンフ——貞淑な女、ないしは淫蕩な女——と、解剖学におけるニンフ〔小陰唇〕のあいだに、ナボコフがそのロリータのために考案したニンフェット〔小悪魔的な少女〕が入り込んでくる。「九歳から一四歳までの範囲で、その二倍も何倍も年上の〔彼女に〕魅了された何人かの旅人に対してのみ〔…〕自分の本性を現す乙女がときおり生まれる。この選ばれし生き物を「ニンフェット」と呼ぶことを私は提案したい」(32)。

ある面で未成熟な存在であるニンフェットは神話のニンフの現代的形象だが、ここから昆虫が変態していく状態が連想される。それは幼虫と成虫の中間状態で、ニンフ〔若虫〕やニンフ的段階とも呼ばれている。厄介で挑発的な魅力を備えた少女はニンフの同義語〔小陰唇〕から欲望を呼び覚まし、その唇のあいだに隠されていて、その名が明かされない、脅威と魅惑を秘めたものによって欲望を目覚めさせるのだ。

あらゆるニンフ、ニンフェット、ニンフォマニアを結びつける特徴がひとつある。彼女たちはけっして快楽に達しないと言われるのだ。快楽が蛹の状態に囚われたままなのである。ニンフは享楽しないがゆえに、エロスの比類なき幻像《ファンタスム》である。理想的な女はクリトリスをもたないのだ。

こうした抹消を分析するために、まず、ささやかな迂回を経ることにしよう。

(31) Eduard Adolf Jacobi, *Dictionnaire mythologique universel ou biographie mythique*, t. 1, trad. de Thomas Bernard, Paris, Firmin-Didot, 1854, p. 343–344.

(32) Vladimir Nabokov, *Lolita* (1959), trad. d'E. H. Kahane, Paris, Gallimard, 1973, p. 27.〔ウラジーミル・ナボコフ『ロリータ』若島正訳、新潮文庫、二〇〇六年、三〇頁〕

3　性のないイメージ——ボッカッチョ、ヴァールブルク、アガンベン（ニンフ2）

『ニンフ』[33]と題された小著でジョルジョ・アガンベンはニンフの真性、つまり、ニンフとはイメージであるという真性を明かしている。

この著作は、ビル・ヴィオラから出発してボッカッチョへと遡りつつ、アビ・ヴァールブルクのもとで立ち止まるという逆向きの魅力的な旅を企てている。旅の途中でアガンベンは問うているのだが、女のイメージ（ミューズ、ニンフ）と現実の女のあいだにあるよく知られた句切りは何に由来するのだろうか。中世の詩作の核心をなしていたこの句切りは西欧の想像の世界を支配し続け、現代芸術にもなお取り憑いているほどだ。

ボッカッチョにおいて、ニンフは「愛の対象の形象の最たるもの[34]」であるが、それはニンフがまさにイメージだからである。愛する男は愛する女を宝飾品や財布のなかに隠し、肖像画で表現し、詩や平韻定型詩《ブラゾン》のなかに隠していたるところに運び去るのだが、彼女はその身体を失っているがゆえに性的欲望をそそる。愛する男はかくして、愛する女を内面化し、頭のなかに彼女を引きとどめておく。ニンフとは観念と化した女である。フィレンツェのニンフはボッカッチョにとってこうした観念の精髄なのである。

（33） Giorgio Agamben, *Nymphes*, trad. de Daniel Loayza, Paris, PUF, 2019.〔ジョルジョ・アガンベン「ニンファ」、『ニンファ　その他のイメージ論』高桑和巳編訳、慶應義塾大学出版会、二〇一五年〕
（34） *Ibid.*, p. 73.〔同前、三九頁〕

ニンフはこうして、女の幻像と女そのものの統合かつ分裂という根本的な両義性を宿している。成長しつつある昆虫のように、ニンフは幼虫と成体の途中にいるのだ。「イメージが［…］現実の女と一致しなければならない詩的次元が「ニンファ的」と呼ばれるならば、フィレンツェのニンファはつねにすでに、互いに対立する二つの極にしたがって分割されていることになる。これらの極は一方ではあまりに生き生きとしており、他方では生きた霊魂をもっておらず、詩人はもはやニンフに統一的な生を授けることができない」[35]。ニンフ－イメージはかくして、その曖昧さにおいて、「可感的世界と思考のあいだの崇高な分裂」であり、文学が誕生する場である。現実世界のオーラのように、けっして完成しない、文学の幻想的な次元である。イメージと生ける身体が一致することはない。なぜなら、このイメージは性をもたないからである。

パラケルススについていうと、彼は「ニンフを精霊（ないし妖精）の教説のなかに書き込んでいる。精霊のそれぞれは四大元素に結びついている。ニンフ（ないしウンディーネ）は水に、シルフは空気に、ピグミー(ないし小人）は土、サラマンダーは火に結びついているとされる」[36]。これらの生きものはあらゆる点で人間という生きものに似ており、容姿の上では類似しているのだが、根本的な相違は「霊魂をもたない」点である。幼虫のように、これらの生きものはいまだ霊魂を欠いているのだ。「人間と出会うことではじめて、これらのイメージは本当に生きた生きとしたものになる」[37]。つまり、ニンフは生命に目覚め、イメージの外に出るために、愛の関係を完遂しなければならないのである。

しかし、こうした完遂は永久に不可能なままである。いかにしてイメージと性交すればいいのだろうか。ボッカッチョが記しているように、ニンフは「女であり、一見したところ女に似ている[38]」。ニンフは女に類似しているのだが、何かが欠けている……ボッカッチョは新たなイメージに訴える。「それらはみな、たしかに女だが、しかしニンフはおしっこをしない[39]」。

霊魂も現実の身体も欠いているニンフというミューズにはさらに何かが欠けている……しかし、いったい何が欠けているのだろうか。当時の解剖学には欠落があったためにクリトリスと陰唇、ヴァギナ、尿道を正確に区別できず、それゆえ、ボッカッチョは外陰部を単純化して泌尿器としている。ニンフは「おしっこをしない[40]」女なのだ。アガンベンは、そんな風に表現することでボッカッチョが「がさつなリアリズム[41]」を示していると考えている。

(35) *Ibid.*, p. 78.〔同前、四二頁〕
(36) *Ibid.*, p. 63.〔同前、三三―三四頁〕
(37) *Ibid.*, p. 71.（強調は引用者）〔同前、三八頁〕
(38) Cité in *ibid.*, p. 77.〔同前、四一頁〕
(39) *Ibid.*, p. 77.〔同前〕
(40) Cité in *ibid.*〔同前〕
(41) *Ibid.*〔同前〕

これは本当にリアリズムだろうか。たしかにニンフが男と性的に結合することではじめて蘇生するとして、交接によって両者は排尿をうながされて、霊魂を得るのだろうか。リアリズムとはおしっこをすることと享楽することのこうした混同のことだろうか。実際、「ニンフはおしっこをしない」という表現が意味しているのはまさにこの点、すなわち、ニンフは享楽しないということである。男たちが近寄ってくる以前、ニンフは性器をもっていないのだ。そしてこの性器は男性的な想像世界のなかで、自由気ままな解剖学を施されているのである。

みなさんは驚かないだろうが、ボッカッチョは「女に対する手厳しい批判」を展開し、気性をもたず、さほど威圧的ではないニンフの方を女よりも好んでいたのだった。

数世紀のちになって、事情はどうなっているだろうか。たとえば、アガンベン自身にとってはどうだろうか。クリトリスと外陰部はそれぞれの場所に収まっただろうか。現実の女は自分の権利を回復しているだろうか。

アガンベンはニンフの解剖学的な意味について、ニンフォマニアに言及している短い括弧のなかでただ一度しか触れていない。「パラケルススはここで、ニンフをウェヌスの王国に、また愛の情念に分かちがたく結びつけていたこれとは別の、さらに古い伝統と関係をもっている(この伝統は「ニンフォマニア」という精神医学用語のもとにもなっているし、もしかすると小陰唇をニンフと表す解剖学用語のもとにもなっているかもしれない)」[42]。

ニンフはクリトリスのことも含意していた。この点について、アガンベンもまた何も語っていない。

こうして、ニンフはクリトリスの不在と一体をなしている。クリトリスはけっして名づけられることはなく、その現実の姿に戻り、女性器の形態学的な正確さを取り戻すこともない。パラケルススにとってとても貴重な「ウェヌスの山」は〔クリトリスが〕隠れた状態の謎を宿しているのだ。

ずっとあとで、アビ・ヴァールブルクはこの謎を引き継いでいる。ニンフとは、この偉大な美術史家が「情念定型」(Pathosformeln)のひとつに与えた名である。「情念定型」は「西洋の人間[43]」のさまざまな情念を表す身振り言語をなす。ヴァールブルクはその原型を『ムネモシュネ・アトラス』——一九二一年から二九年にかけて彼が休みなく執筆を続けた著作——で集めている。「ニンフ」は『ムネモシュネ・アトラス』では第四六番の情念定型である。この番号が対応するパネルは、「七世紀のロンバルディア地方の浮彫からはじまり、サンタ・マリア・ノヴェッラ教会にあるドメニコ・ギルランダイオのフレスコ画に至る、二六枚の写真を含んでい

(42) *Ibid.*, p. 68.〔同前、三六頁〕
(43) *Ibid.*, p. 84.〔同前、四四頁〕

る」[44]。アガンベンはこう問うている。「ニンフはどこにいるのか。二六枚の顕現のうち、どのひとつにおいてニンフはみずからを表明しているのだろうか。この二六枚の写真のなかに、他のものが派生するもととなった原型ないしオリジナルのようなものを探し求めるならば、この図像集を読み間違うことになるだろう」[45]。

ニンフはいたるところにいて、かつ、どこにもいない。その現象の多様性はまさしく、その想像上の〔imaginaire〕、ないしは成虫の〔imaginal〕姿をなしているのだが、そうした多様性を使い果たすことなく、ニンフは〔あらゆる場所を〕くぐり抜けていく。しかし、こうした過剰さは両脚のあいだで眠っている熱情の場について何も明かしてはくれない。性器について、ヴァーブルクは何も語ってはいない。ニンフのニンフ〔小陰唇〕は名づけられていない。ニンフォマニアへと話が立ち戻ることはない。欲望については何も語られていない。陰唇についても、そこに隠れているクリトリスについても何も語られていない。快楽については何も言われていない。ボッカッチョと比べて、なおもそれ以上に抽象的なイメージである。ニンフたちの生はもはや「歴史的な」生でしかない。「私たちは生を生物学的な身体にのみ割り当てることに慣れている。それに対して、ニンフ的な生は純粋に歴史的な生である」[46]。アガンベンの著作はこうした結論の不在によって締め括られている。

クリトリスを「ニンフ」と呼びつつ、解剖学者たちは自分たちが指し示しているものの明確な観念をもっていたのだろうか。彼らからすれば、外陰部は、多くの現代人――とくに哲学者たち――にとっていまも変わらぬその確然たる姿とは異なっていたのだろうか。つまり、快楽、生殖、排尿がひとまとまりになったものの不明瞭な起源だったのではないだろうか。生はおそらく、生物学的な身体だけに特権化されたものではない。ただし、この点を主張するにあたって、これらの身体から生を奪わないようにしなければならないだろう。

(44) *Ibid.*, p. 25.〔同前、一三―一四頁〕
(45) *Ibid.*, p. 26.〔同前、一四頁〕
(46) *Ibid.*, p. 86.〔同前、四五頁〕

4　存在のないナジャ、「愛の対象たる女」に関する短評（ニンフ3）

ボーヴォワールは『第二の性』において「愛の対象たる女」を辛辣に分析しているが、彼女の分析が作家や詩人たちが描くニンフに対する私の疑念を引き起こさなければ、アガンベンのテクストをこうした仕方で読むことはけっしてなかっただろう。「愛の対象たる女」は「神話」という章の中心にあり、ボーヴォワールは神話を神秘に、神秘〔mystère〕を欺瞞〔mystification〕に緊密に結びつけている。ニンフの神話、女のイメージの神秘は男性的幻像が彫刻された表現である。男が競って加工する可鍛性の素材がニンフなのだ。「男が楽しむ夢想のひとつは、自分の意志を物に浸透させ、物の形をつくり、物に実体を侵入させることである。女は受け身のままに練られ、加工される極上の「柔らかい練り粉」なのだ[47]」。女の「イメージ」であるニンフはこうした塑造の結果である。ミューズはそうしたものでしかない。「ミューズとは女である[48]」とボーヴォワールは書いているが、ミューズは最善の状態にある女である。なぜなら、ミューズはおしっこをせず、享楽をせず、それゆえ、実のところ自律性がないからだ。「ミューズは自分自身では何も創造しない[49]」のである。

(47) Simone de Beauvoir, *Le Deuxième Sexe*, t. I, Paris, Gallimard, coll. « Folio », 1976, p. 291.〔シモーヌ・ド・ボーヴォワール『決定版　第二の性　I事実と神話』『第二の性』を原文で読み直す会訳、新潮文庫、二〇〇一年、三六〇頁〕
(48) *Ibid.*, p. 299.〔同前、三七二頁〕

ニンフたちに夢中になった詩人たちの読解が生まれる。私はアンドレ・ブルトンの事例にとくに敏感に反応した。『ナジャ』の美しさにすっかり魅了されていた私は、ブルトンがいかなる点でニンフの伝統に忠実であり続けているのか、まったく気づいていなかったのだ。(50) 彼にとって、ナジャは神話上のニンフに近く、「自由な精霊、空気の精のようなもの(51)」に似ている。しかしながら、ボーヴォワールがきわめて正当に注記しているように、「ナジャは超現実的な世界の扉を開くのだが、この世界を与えることはできない(52)」。彼女はせいぜい「人々が問い尋ねる相手たる巫女(53)」である。「人間としての器を欠いた女」、女にして子供たる存在であるナジャが詩人になるのは……もっぱら、男性詩人の恩恵を通じてでしかない。

私たちみなが成り行きにしたがい、それらをウンディーネ〔水の精〕で浸すと、そのピグマリオンが彼女を加工し、享受するにつれて、ウンディーネは少しずつエクリチュールのうねりのなかで具体化し始める。(54) けれども、彼女にとって、快楽は拒絶されている。この点についていかなる言及もされておらず、詩は彼女が動揺し始める時点で終わっている。ニンフというミューズは「彼女自身を除いたすべて(55)」なのである。「女は愛以外の使命はもたない」以上、見返りとして彼女自身がうまく恋をしているかどうか、このエロティックな戯れに肉体を通じて執着しているのだろうかとは誰も問わない。さまざまな言葉とイメージを通じて自分が愛されていることを彼女自身が享受しているのだろうかとは問われないのだ。

かくして、ニンフの詩は、シュルレアリストの詩でさえ、みずからがかくも慈しんでいると語る蛹に沈黙を強いることがあるのだ。

一九二八年一月から一九三二年八月のあいだ、シュルレアリストたちは性の真理をめぐるゲームに専心した。このとき、ブルトンは友人たちをこんな風に挑発した。「勃起は性行為を成

(49) *Ibid.*〔同前〕

(50) André Breton, *Nadja*, Paris, Gallimard/Le Livre de Poche, 1964.〔アンドレ・ブルトン『ナジャ』巖谷國士訳、岩波文庫、二〇〇三年〕

(51) *Ibid.*, p. 128.〔同前、一二九頁〕ボーヴォワールによる引用は、*Le Deuxième Sexe*, t. I, *op. cit.*, p. 368.〔『決定版 第二の性 I事実と神話』、四六五頁〕

(52) *Ibid.*, p. 369.〔同前〕

(53) *Ibid.*〔同前〕

(54)〔訳註〕ブルトンの記述において、ナジャはしばしば水の精とみなされている。水の精ウンディーネは霊魂をもたないというパラケルススの有名な解釈（本書三二頁）も想起されたい。ピグマリオンはギリシア神話に出てくる古代キプロス島の王。彼は現実の女性に失望して、理想の女性ガラテアを象牙で塑像する。彼は女神アフロディテに祈って、彫像に命を吹き込んでもらい、自分の妻として迎えた。

(55) *Ibid.*, p. 375.〔同前、四七五頁。「自然のなかにもっとも深く根を下ろして、大地にもっとも密着している女は、あの世の鍵でもあるのだ。〈真理〉であり、〈美〉であり、〈詩〉である女は〈すべて〉である。またしても〈他者〉の姿をしたすべて、自分自身を除いた〈すべて〉である」〕

就させるのに必要だとアラゴンはいかなる点で考えるのだろうか」、さらには「マルセル・ノルはクリトリスがどこにあるのか知っているのか」という具合に。[56]

ブルトンの方は、クリトリスがどこにあるのか、たしかに知っていたが、クリトリスをこの真理のゲームに加わらせなかったし、発言権も与えなかった。

哲学者と詩人のニンフたちは同じ沈黙の夜のなかで結びついていたのである。

(56) *Archives du surréalisme*, t. 4 : *Recherches sur la sexualité*, José Pierre (éd.), Paris, Gallimard, 1991, p. 72.

5

政治的解剖学

現実の話に戻ろう。哺乳類のすべての雌にはクリトリスがある。四足動物において、クリトリスはヴァギナの近くにあるので、挿入によって刺激される。交尾によってオルガスムと排卵が同時に引き起こされるのだ。ある生物学者が明言しているのだが、「現在の哺乳類における排卵のメカニズムの配分は［…］交接による排卵が元来のモデルを体現していると考えさせてくれる[57]」。進化を通じて、「骨盤が垂直方向にぴんと伸びてくることで、クリトリスは前方から触れることのできる、目に見える前部の器官となった[58]」。こうして、女の身体において、クリトリスはヴァギナの入り口に（もはや）位置してはいない。いかなる性的関係も必要としないで、自律した周期的な仕方で排卵が自発的に引き起こされるというのは、排卵をめぐる後年の革新である。男のオルガスムとは反対に、女のオルガスムには生殖に関する直接的な機能はない。「排卵のための卓越した役割を果たしたあと、クリトリスは女たちにおいてこうした機能をほとんど失ってしまい、もはや快楽の性質しかもたなくなってしまった[59]」。

クリトリスとヴァギナの隔たり。ただ、問われているのは解剖学的な事実だけだろうか。そ

（57）Pierre-Henri Gouyon, cité in Lise Barneoud, « Orgasme féminin : on sait d'où il vient », *Science et vie*, n° 1228, janvier 2020, p. 106.

（58）Gérard Zwang, *Éloge du con, défense et illustration du sexe féminin*, Paris, La Musardine, 2008, p. 48.

（59）« Orgasme féminin : un mystère de l'évolution enfin résolu ? », *Science et avenir*, 3 août 2016.

うであるとして、オルガスム一般について、私たちはそれ以上のことを知っているのだろうか。さらには、その全容についてほぼ何も知られていない動物のオルガスムについて、何か知っているのだろうか。女のオルガスムに特有な問いは実にデリケートな形でこうした事情を証明してくれる。すなわち、生物学と政治を識別することができなくなるのだ。というのも、クリトリスとヴァギナ、オルガスムと生殖の隔たりに関する論争の背後には、実は、女が抱く快楽の自律によって提起される問題が隠されているのである。子供を産むことなくオルガスムに達することのできる生き物ははたしているのだろうか。つまり、何のためでもない快楽はあるのだろうか。いかなる権利で、こうした特権が、そう要求することのできる哺乳類だけに付与されているのだろうか。つまり、哺乳類の例外性を認めさえすれば、このことが妥当とされるというわけではない。女の快楽の自律性はおそらく、これまでも、これからも、つねに擁護され、議論され、構成されなければならないのである。

その証拠に、女の性的快楽は生殖から独立した形で実在しているのかという問いをめぐって、熾烈を極める闘いが続いている。「クリトリスに関する真実——なぜクリトリスは快楽のためだけにつくられていないのか」という挑発的な題名の付いた記事で、イギリスのジャーナリスト、ゾーイ・ウィリアムズはこう書いている。「すでに私たちはさまざまな結果を手にしている。『臨床解剖学』で公表された研究が証明するところでは、クリトリスは大脳の一連の効果を活性化させる点で、生殖において重要な役割を果たしている。［…］血液の流れの始動、ヴァギナのなかの酸素の割合と体温の上昇、潤滑の増大、頸部の位置の変化――精液の流動性を高めることで逆説的にもその活動が緩慢になる――である」[60]。適応進化の論理はつまり、この分野に関してその正当性を失わなかったのだろう。女の快楽をいわゆる「機能性」へと帰着させるにあたって、あらゆる手段がなおも有効なのである。

クリトリスがヴァギナの他の部分に対して、ヴァギナそのものに対して客体であり、ヴァギナを換喩的にフェティッシュ化したもの（全体のための部分）であるという理論上の特権は、クリトリスがこうした快楽の独立性を象徴していることからたしかに説明される。クリトリスは女のセクシュアリティを構成する主要な要素となり、女を性の完全な主体、「ペニス、ないしは法と結婚することをやめる」[61] 主体とみなすようにする主要な要素となる。快楽を生殖の目

（60）Zoe Williams, « The truth about the clitoris : Why it's not just built for pleasure », *Guardian*, 6 novembre 2019. また、Roy J. Levin, « The Clitoris : An Appraisal of its Reproductive Function During the Fertile Years : Why Was It, and Still Is, Overlooked in Accounts of Female Sexual Arousal », *Clinical Anatomy*, 5 novembre 2019, Londres, Wiley も参照されたい。

（61）Paula Bennett, « Critical Clitoridectomy : Female Sexual Imagery and Feminist Psychoanalytical Theory », *Signs*, n° 18, 1993, p. 257, cité par Valerie Traub in « The Psychomorphy of the Clitoris », art. cité, p. 100.

的へと帰着させると、結局、このことを否定してしまうことになる。

また同時に、クリトリスの自律性を肯定的に承認することも、ともすれば不安や葛藤の源泉となってきた。ヴァギナの快楽が得られない場合、どうすればいいのだろうか、と自問した女性たちもいた。クリトリスが過度に独立しているために、挿入時に女性がどうしても「不感」のままである場合には、どうすればいいのだろうか。精神分析家マリー・ボナパルト[62]はまさしく、自分の不感症を治療しようと決意し、そのために躊躇することなく手術に頼った。彼女は自分のクリトリスがヴァギナから離れすぎていると判断し、一九二七年にウィーンの医師ハルバン先生にクリトリスの移動を依頼した。あいかわらず快楽が感じられなかったので、彼女は決心して、一九三〇年と三一年にさらに二度の手術を受けた。やはり何の結果も得られなかった。マリーはそれでも、一般女性において、これら二つの器官を隔てる距離はあまりにも大きいと主張し続けた――これは彼女がA・E・ナルジャニの偽名で公表した論文「女性の不感症の解剖学的原因に関する考察」において証明を試みた点である。この研究は「パリの住民から任意抽出された二〇〇人の女性」に関するもので、「小さな三角地帯」がコンパスで計測され、次にヴァギナに対するこの地帯の隔たりが特定された[63]。この精神分析家によれば、「女性の不感症の問題は依然として大いなる謎に包まれている。だが、いたるところで、いかなる時代にも、女性たちの嘆き声が上がっており、至上の愛撫をもってしても、愛によってついに慰められることはない」[64]。

マリー・ボナパルトもまた、みずからの経験を通じて、クリトリスの局面を断念することはできないとフロイト――「大いなる切除者」――を説き伏せたいと思っていた。なぜなら、フロイトは、女性の通常の性的進展はクリトリス段階の放棄を経て、性欲の生殖機能と調和する形でヴァギナの段階に至ると考えていたからだ。マリーはやむをえず応答しようとした――クリトリスがなければオルガズムはなく、ヴァギナだけでは沈黙したままです。ですから、起こりそうもない成熟を期待せずに、無感覚のヴァギナにクリトリスのわずかの熱情を人為的に与

(62)〔訳註〕マリー・ボナパルト(Marie Bonaparte : 1882–1962)はナポレオン・ボナパルトの家系に生まれ、フランス初の女性精神分析家となった人物。一九二五年、不感症に関する治療をフロイトに依頼したことがきっかけで二人の交流が始まり、彼女はフロイトがナチスから逃れるための亡命を支援した。フロイトの著作を多数仏訳し、パリ精神分析協会の設立に尽力するなど、精神分析の進展に大きな役割を果たした。日本語訳に、『女性と性』(佐々木孝次訳、弘文堂、一九七〇年)、『精神分析と文化論』(林峻一郎訳、弘文堂、一九七一年)、『クロノス・エロス・タナトス――時間・愛・死』(佐々木孝次訳、せりか書房、一九九二年)がある。

(63) A. E. Narjani (Marie Bonaparte), « Considérations sur les causes anatomiques de la frigidité chez la femme », *Revue bi-hebdomadaire des sciences médicales et chirurgicales*, vol. 27, n° 4, avril 1924.

(64) *Ibid.*

えようと試みてはどうでしょうか、と。フロイトはほとんど耳を貸さなかった。かくして、〔マリー・ボナパルトの〕外科手術は快楽の抹消をむなしくも倍増させることになった。隔たりを縮めることは不可能なのである。

6 シモーヌ・ド・ボーヴォワールによる「性的実存」

『第二の性』によって、ヴァギナというものがはじめて哲学に参入する。当時、性欲がサルトルによって、思考のカテゴリーの尊厳を得たばかりだった。一九四三年に公刊された『存在と無』は、それまで誰も探究していなかった性欲と実存の関係を明るみに出した。「実存哲学は性欲に取り組まなければならないとは考えなかった。とくにハイデガーはその実存論的分析論において、この問題に少しも触れていない。その結果、「現存在」は私たちからみると性差がないものにみえる。なるほど、「男性」や「女性」に性別されることは、「人間存在」にとって、偶然性であるとたしかに考えられる。なるほど、性的差異の問題は、実存（Existenz）の問題と何の関係もないと言うことができる。というのも、男も女も、ともに「実存する」のであって、それ以上でもそれ以下でもないからである。これらの理由は完全に説得的であるというわけではない」[65]。

そして、サルトルは長大な頁数を欲望の問いに費やしているが、通りすがりに「ペニスとクリトリスの勃起」に言及し、性欲とは「偶然的な事象」などではなく、「対他－存在の必然的な構造」[66]であると主張している。

（65）Jean-Paul Sartre, *L'Être et le Néant. Essai d'ontologie phénoménologique*, Paris, Gallimard, 1943, p. 451–452.〔ジャン＝ポール・サルトル『存在と無Ⅱ』松波信三郎訳、ちくま学芸文庫、二〇〇七年、四一五頁〕

（66）*Ibid.*, p. 453.〔同前、四一八頁〕

ボーヴォワールはこうした分析がもたらすめざましい進展を讃えているものの、だが彼女はそこで主要な問題を突き止めることを怠っていない。性欲のこうした概念化が、にもかかわらず、現実離れした考えに行き着かないようにするにはどうすればよいだろうか。現実離れした事例の証拠だが、サルトルにおいて、性欲は主人と奴隷のヘーゲル的弁証法と一般に言われているものの新しいヴァージョンでしかない。メルロ＝ポンティの読解は〔このヴァージョンを〕強固にするばかりではないだろうか。『知覚の現象学』において、メルロ＝ポンティもまた、性欲を闘争に組み込んでいるのだ。性行為において身体がむき出しになった状態について、彼はこう書いている。「羞恥心や厚かましさは、主人と奴隷の弁証法という、私と他者の弁証法のなかに座を占めている」[67][68]。

こうした主張をいかに理解すればよいのだろうか。性欲の重要性を主張しつつ、あらゆる実存哲学はそこにジレンマの表現をみている。自由と欲望のジレンマである。「人間はときに自由であったり、ときに奴隷であったりすることはできないだろう。人間はつねに全面的に自由であるか、あるいは、つねに全面的に自由ではないかのいずれかである」[69]とサルトルは述べている。問題は、欲望によって必然性が実存の絶対的な自由の核心にふたたび取り入れられる点である。ヘーゲルが示したように、欲望はまちがいなく疎外的なものである。欲望はその傾向としてつねに、他者を我有化し、他者を物へと変形し、これを消費し無化しようとする。「この混濁が〈他者〉の受肉を生まれさせるだけでは十分ではない。性欲は、受肉したこの意識を我有化しようとする欲望である。性欲は、当然ながら、もはや愛撫によってではなく、むしろ把握する行為や挿入の行為によって存続する」[70]。

ボーヴォワールはただちに理解するのだが、〈他者〉が理論上、二つの性に関わるとしても、この欲望のゲームにおいて女はしばしば主人であるよりも奴隷の方である。さらには、嫌悪と恐怖をかき立てる奴隷である。サルトルの主張によれば、「女性器の猥褻さは、すべて口の開いたものの猥褻さである。それは、そもそもすべての穴と同じく、存在の呼びかけである。それ自身において、女は侵入と溶解によって自分を存在充足へと変化させるはずの、異質な肉体

---

(67)〔訳註〕「主人と奴隷の弁証法」はドイツの哲学者G・W・F・ヘーゲルが『精神現象学』で提唱した議論。人間は自由で自立した存在になるために、他者からの承認を得なければならない。そこで承認をめぐる闘争が生じ、その勝敗の結果、両者は主人と奴隷の関係に陥る。奴隷は自然に即して労働することで自立し、主人の方は奴隷に依存するだけで自立を達成できないとされる。

(68) Maurice Merleau-Ponty, *Phénoménologie de la perception*, Paris, Gallimard, coll. « Tel », 1945, p. 194.〔モーリス＝メルロ＝ポンティ『知覚の現象学Ⅰ』竹内芳郎・小木貞孝訳、みすず書房、一九六七年、二七六頁〕

(69) Jean-Paul Sartre, *L'Être et le Néant*, *op. cit.*, p. 94.〔ジャン＝ポール・サルトル『存在と無Ⅲ』松波信三郎訳、ちくま学芸文庫、二〇〇八年、三九頁〕

(70) *Ibid.*, p. 468.〔『存在と無Ⅱ』、四五二頁〕

を呼び求めている。また逆に、女は自分の条件をひとつの呼びかけとして感じる。というのも、女にはまさに「穴が空いて」いるからである(71)」。

こうした類いの主張にはっきりと反対して、ボーヴォワールは決定的な振る舞いをする。つまり、性欲の現象学－実存的な研究――サルトルとメルロ＝ポンティの研究――を「性的実存の哲学」へとずらすのだ。欲望する身体の問いを根底的に再評価する、性を生きる哲学へとずらすのである。ボーヴォワールは現象学、つまり、さまざまな存在と事物が存在するありさまではなく、現象するありさまを厳密に記述する試みを放棄するのではなく、しかしこれを変形する。性が現象や顕現でもあることをそもそも知っていなければ、性が何なのかを理解することはできない。性別化、今日ならジェンダー形成と呼ばれるものは一度だけ起こるわけではなく、身体が自分自身や他者たちに次々と現象する一連の過程において、全生涯を通じて繰り広げられる。性別化された身体などなく、性の体内化があるのだ。

ところで、性の体内化は二つの性にとって同じものではありえず、このことは死を賭けた闘争をいささかも前提としない。性の二分法をボーヴォワールはたしかに脱構築してはいないが、しかし、これを抵抗の道具――〈他人〉の概念がいまだあまりにも一律に男性的であることへの抵抗の道具にするのだ。「すでに述べたように、人間は結局、〈他者〉を考えなければ自分のことを考えられない。人間は二分法のしるしのもとで世界を把握する［…］。しかし、みずからを同一者とみなす男とは自然的に異なっているので、女は〈他者〉のカテゴリーに分類される。〈他者〉が女を含んでしまうのである」[72]と彼女は記している。したがって、『第二の性』においで試みられている努力のすべては、女の特異性を抹消してしまう他性の重みから女を解放することにあるのだ。

『第二の性』は女の性的な体内化の発生をくわしく説明し、その形態学を女が主体へと生成することに結びつけている。「ひとは女に生まれるのではなく、女になるのだ」という有名な表現は、サルトルが歴史を欠いた事実として分析したこと、すなわち、女の構造は空隙、欠如、不完全であるという分析への応答である。いや、女の身体にはそれ固有の充足がある。なぜなら、その形が変化するリズムに合わせて、女の身体はそれ自身に現れてくるからである。女の性別とは、その鏡像の協力とともに、一連の雛型——子供、少女、成熟した女、年老いた女——に沿って明らかになる形象である。青年、熟年、老年とは単純な事実ではなく、実存の仕方の数々なのである。[73]ひとは年を「とっている〔avoir〕」が、若く「あり〔être〕」、あるいはさほど若くなく「あり」、この「ある〔être〕」は身体が世界に語りかけ、世界が身体に応答する

(71) *Ibid.*, p. 706.〔『存在と無III』、四五八—四五九頁〕
(72) Simone de Beauvoir, *Le Deuxième Sexe*, t. I, p. 122.〔『決定版　第二の性　I 事実と神話』、一四六頁〕

仕方に符合する。反対に、「穴が空いている」状態はいかなる世界にも属しておらず、端的に言って、実存してはいない。また、欲望は基本的に殺人的なものでも疎外的なものでもない。それは身体が構成される反響や輝きなのだ。ボーヴォワールはどうしてもなさねばならなかったことをした。気づかれない形で性欲からエロティシズムへと滑り込むことである。そして、この動きのなかに、大いに忘却されているもの——クリトリス——の場を認めることである。

そうした類いの実存的エロスもまた、かならずフロイトの批判を経なければならない。ボーヴォワールによれば、「フロイトは女の運命のことをさほど気にかけていなかった。あきらかに彼は男の運命を手本にして、しかもそのいくつかの特徴を変更しただけで、女の運命についての記述をおこなっている(74)」。実際、フロイトは「リビドーは、男であろうと女であろうと、いつも決まった規則的な仕方で現れる男性的な性質である」と主張している。このことが意味するのは、彼が「その独自性という点で、女のリビドーを認めるのを拒否している(75)」ということである。フロイトによれば、女とは身体が損なわれた男であり、これはのちのサルトルにとってもそうである。クリトリスは小さなペニスであり、今一度言うと、彼らからすれば、そのようなものでしかない。つまり、縮小され、切断され、去勢されたペニスでしかないのである。

ボーヴォワールは当然、こうした主張に異議を申し立てる。彼女は自分なりのやり方で「ヴァギナ的」「クリトリス的」といった形容詞に疑義を差し挟む。「「クリトリス」や「ヴァギナ」

といったカテゴリーは、「ブルジョワ」や「プロレタリアート」といったカテゴリーと同じく、具体的な女を閉じ込めるには無力である」[76]。それでも、『第二の性』はなお、女の快楽の二重の特徴につまづいている。「女の性感をめぐる重要な問題のひとつは、クリトリスの快楽が独立しているということである。思春期になってヴァギナの性感と関連してはじめて、女の体内において多数の性感帯が発達するのだ」[77]。クリトリスの快楽が消え去る必要はないとしても、それが〔性の〕体内化の避けがたく、単純化されえない現れであるとしても、クリトリスが真に開化するのはあくまでもヴァギナの快楽との関係においてでしかない。結局、クリトリスはヴァギナの快楽に優先権を与えなければならないのだ。

『第二の性』は、ポーランド出身でアメリカに移住した、正統フロイト派の精神分析家ヘレーネ・ドイチュの『女性の心理学』[78]（一九四七年）に多くを負っている。ボーヴォワールは何度

(73)〔訳註〕年齢の表現として英語ではbe動詞が用いられるが、フランス語では「avoir（持っている）」が用いられる。所有や取得を含意するavoirに対して、その年齢に比して若く「ある（être）」、あるいはさほど若くはなく「ある」と、存在や状態の意味合いが対比され強調されている。
(74) *Ibid.*, p. 81.〔同前、九五頁〕
(75) *Ibid.*, p. 82.〔同前、九六頁〕
(76) *Ibid.*, p. 107.〔同前、一二九頁〕
(77) *Ibid.*, p. 85.〔同前、一〇〇頁〕

も彼女の研究を参照し[79]、女の性欲の複雑さが二つの器官の関係に起因するという考えをドイチュと共有している。ところで、ボーヴォワールにとってもドイチュにとっても——そしてフロイトにとっても——この関係は進歩でしかありえない。ドイチュは「ある器官の不在[80]」による女の去勢の複雑さという考えをふたたび取り上げている。このことから、少女においては、「抑制された能動性が受動性へと向かうことを受け入れ」、能動的な器官たるクリトリスは逆説的にも、受動的な器官たるヴァギナの支配を受け入れなければならないのだ。ここから生じるのが「女性的な女」という定義である。「不感症ではない真の女とは、ヴァギナの母性的な機能を確立し、クリトリスの要請を放棄することに成功した女である[81]」。

ボーヴォワールによれば、破瓜はたしかに、期待された快楽をつねにもたらすわけではない。「ここで私たちは女の性感の決定的な問題に触れる[82]」。性感的な生の始まりはかならずしもクリトリスによるものではなく、ヴァギナがもたらす未来を待っており、挿入によって明らかになるとされる快楽を待っているのだ。ところで、「すでにみたように、破瓜は娘時代に特有な性感の幸福な成就ではない。それどころか、大変異様な現象なのだ。ヴァギナの快楽はすぐには始まらない。シュテーケルの統計——これは多くの性科学者と精神分析学者が確証している——によれば、最初の性交から快感を得る女はわずか四％で、五〇％は数週間、数ヶ月、また数年もたたないとヴァギナの快楽に達しない。心理的要因がここでは根本的な役割を果たしている」[83]。そして、「男の態度はきわめて重要である」[84]。男がその欲望のままに暴力的であったり、あまりに粗暴であったりすれば、ヴァギナによるオルガスムは起こらないだろう。そして「遺恨は女の不感症のもっともありふれた原因である」[85]。これはみな理解していることだが、それでも万事うまくいき、男が我慢強く理解力があるならば、二つの器官のあいだでの権限の移譲は最良の状態で執りおこなわれるだろう……

だが、ボーヴォワールの分析をドイチュの分析と同一視することは不当であろう。ボーヴォ

（78）Helene Deutsch, *La Psychologie des femmes*, 2 vol., trad. d'Hubert Benoit, Paris, PUF, 1953–1955.

（79）この主題については、Marie-Andrée Charbonneau, « La sexualité féminine chez Simone de Beauvoir et Hélène Deutsch », *Simone de Beauvoir Studies*, vol. 21 : *Coast To Coast With Simone de Beauvoir*, Brill, 2004–2005, p. 43–53. を参照されたい。

（80）Helene Deutsch, *La Psychologie des femmes*, *op. cit.*, p. 272.

（81）Helene Deutsch, citée in Marie-Andrée Charbonneau, « La sexualité féminine chez Simone de Beauvoir et Hélène Deutsch », art. cité, p. 49.

（82）Simone de Beauvoir, *Le Deuxième Sexe*, t. II, p. 174.〔シモーヌ・ド・ボーヴォワール『決定版　第二の性　II　体験（上）』『第二の性』を原文で読み直す会訳、新潮文庫、二〇〇一年、二四七頁〕

（83）*Ibid.*〔同前〕

（84）*Ibid.*, p. 175.〔同前、二四九頁〕

（85）*Ibid.*, p. 176.〔同前、二五〇頁〕

ワールはクリトリスとヴァギナの関係を政治的な関係として考える。つまり、二つの器官を所有する主体とひとつの器官しかもたない主体の不平等という表現のもとで考えるのだ。父権的な社会では、ひとつの器官しかもたないことは特権である。というわけで、女は自分の器官のひとつを放棄するように仕組まれている。こうした状況への批判に疑わしい点はない。しかし、『第二の性』の著者にとっては、この主題に関する政治的な前進と女の解剖学というヴィジョンのあいだにはギャップのようなものがある。批判的な考察はクリトリスとヴァギナの伝統的な役割に背くのに、両者はこの役割を演じ続けるのである。

クリトリスの能動性とヴァギナの受動性、快楽と生殖の分割をいかに取り除けばいいのだろうか。思考と性欲のあいだで、命令と服従の関係をいかに割り当てればいいのだろうか。

ボーヴォワールは、性欲から排除したいと考えていた主人と奴隷の関係を女の内面のまさに核心にふたたび導入したのではないだろうか。

哲学と精神分析は源泉であると同時に障害である。かつて生じたフェミニズムのなかで、みずからと共に、みずからに抗して、その道を切り開かなったフェミニズムはない。『第二の性』は卓越した知性でもって、そうした類いの試練の不毛さを立証している。

7　ドルト、ラカンと「関係」

少女がクリトリスによる自慰の幻像を断念することはきわめて重要である。
［…］こうした解決こそがヴァギナの備給である。

——フランソワーズ・ドルト『精神分析と小児医学』(86)

女性の精神分析家はいまどうなっているのだろうか。たとえば、二〇世紀において、有名な「性の解放」の少し前に、女の性欲について公的に語ろうとする試みが彼女らに示した困難さを今日、推し測ることはできるだろうか。私は夢想するように、一九六〇年のフランソワーズ・ドルトの姿を想像しようとする。ラカンがアムステルダム会議でこうした主題について報告する仕事を委ねたとき、すでに年老いていたドルトが不安な気持ちで身震いしている姿を。彼女は「女性のセクシュアリティ――生殖リビドーとその女性的運命」[87]という題目で報告をする。ドルト自身が語っているように、タイトルと副題はあらかじめ彼女に課せられていたものだ。

報告文は長大なもので、その声調は抑えつけられている。この報告のなかでドルトはまったく彼女本来の姿ではなくなっている。小手先の言葉を操り、堂々巡りをし、波打つように揺れ動き、地雷原を歩いているのだ。「私は過ちを犯してしまいました。フランスはまだ、女性が作成したそのような報告を聞く段階にはなかったのです[88]」。

会議は長大な準備の結果であり、ラガッシュとラカンは二年間作業をしていた。準備作業の

（86）Françoise Dolto, *Psychanalyse et pédiatrie*, Paris, Seuil, 1971, p. 107.
（87）Françoise Dolto, *Sexualité féminine. La libido génitale et son destin féminin*, Paris, Gallimard, 1996.
（88）« Dialogue préliminaire », in *ibid.*, p. 34.

テクスト「女性のセクシュアリティについての会議に向けた教示的意見」は『エクリ』のなかで公刊されている。[89] ドルトの報告はこの概略にしたがったものである。

一九二〇年代以来の議論の核心において、女性のセクシュアリティの問いは精神分析のなかで、一連の袋小路に逢着するばかりだった。この問いは実際、そうした袋小路からけっして脱出できなかったのだろうか。ともかく、ドルトはすでに堅固に構成されているいくつもの理論のブロックを通じて、何らかの道と声を自分で切り開かなければならなかった。そして、このことから、フランス精神分析学会は内部闘争によって引き裂かれてしまったのである。

これらのブロックは少なくとも四つあった。そしてそのすべてが——私はまさに「すべて」と言っておく——、二人の侍祭、[90] 友と敵——すなわち、クリトリスとヴァギナ——のまわりで結晶化され、化石と化していた。フロイト以来、これら二つの器官の神秘的な関係は、フロイト自身がそう呼んでいるように、まさに精神分析の「暗黒大陸」だった。当時からしばしば開拓されてきたものの、その全容は依然として神秘的な大陸であった。

最初のブロックはフロイトによるもので、性の一元論、リビドーの根本的に男性的な本質、自分のヴァギナの存在に対する少女の無知、ペニスのかなり小さい対応物としてのクリトリス、性欲のファロス的理論の構築である。フロイトをめぐって第二のブロックがあり、それはウィーンに集まっていた彼の弟子たちによるもので、彼らはフロイトの学説を共有し、彼らなりの見解で応用していた。集っていたのはヘレーネ・ドイチュ、ジャンヌ・ランプル・ド・グルート、ルース・マック・ブランズウィック、マリー・ボナパルト、アンナ・フロイトである。第三のブロックで凝集されているのは分派した弟子たち、カレン・ホーナイ、メラニー・クライン、ヨジーネ・ミュラーで、エルネスト・ジョーンズのまわりでロンドンで確立された。臨床観察に立脚して、彼女らは「ペニスの欲求」という問いに関してフロイトと対立する。この欲求の特徴は、彼女らによれば、二次的で守勢的なものである。「ヴァギナの感情」はクリトリスの欲望と同じ時期に起こる。少女のなかでこの感情はかなり早期から実在しており、男を期待するという受動性に還元されはしない。

最後にもちろん、第四の、ラカンによる巨大なブロックがある。『セミネール第一九巻 あるいは悪化』での議論では、ドルトが自分の言説を位置づけようと試みなければならなかった枠組み、つまり、フェミニズム一般、とりわけボーヴォワールに対する軽蔑が回顧的に明かされている。それはラカンがけっして隠さなかった軽蔑であり、彼はあきらかにそこからある種

(89) Jacques Lacan et Daniel Lagache, « Propos directifs pour un Congrès sur la sexualité féminine », *Écrits*, Paris, Seuil, 1966, p. 725.〔ジャック・ラカン「女性の性欲についての会議にむける教示的意見」、『エクリⅢ』佐々木孝次・海老原英彦・蘆原眷訳、弘文堂、一九八一年、二〇五頁〕

(90)〔訳註〕「侍祭（アコライト）」はキリスト教のミサで司祭の補佐をおこなう者のこと。

の自尊心を引き出しているのだろう。

彼はセミネールのなかで、シモーヌ・ド・ボーヴォワールとの果たされなかったやりとりを思い出している。「高名な著者は『第二の性』と名づけられたこの本を産み出す前、私があずかり知らない動向のために——というのも、私は実際、まだ何も教え始めていなかったのだから——私のことを参照しなければならないと考えました。[…]彼女は私に電話をかけてきて、私の助言がどうしても必要で、自分の著作で精神分析の支流となるべきものを説明してほしいと言ったのです(91)」。この求められた「助言」をラカンはけっして与えなかった。彼はこう続けている。「そうした問いについて知恵を貸すにはせめて五、六ヶ月を[…]要するでしょう、と彼女に指摘したところ、ボーヴォワールは、もちろんそれは問題ではないのですが、すでに進行中の本はあまりにも長い間準備中となっています、と私に注意を促しました。出版物製作の契約上、私と三、四回以上の対談をもつことは無理なようでした。その結果、私はこの光栄な依頼を辞退したのです(92)」。

時間が不足していたことだけでこの拒否の根拠を説明し尽くすことはできない。ラカンはボーヴォワールの学説、彼女の著作のタイトルに含まれている学説に賛成していなかったのだ。

どういうことだろうか。ラカンにとって、セクシュアリティとは二つの存在のあいだの交換や関係ではなく、言語活動の法に全面的にしたがう機能なのだ。彼はセミネールのなかで挑発的な表現「性的関係はない」をふたたび取り上げている。「関係」という言葉はこの場合、もしかすると「性的」という言葉以上に重要である。「性的関係はない」がとりわけ含意するのは、男と女は互いに運命づけられておらず、動物のように、本能――まさしく性的本能であろう――によって互いに方向づけられてはいないということである。換言すれば、男ないし女であることは自然の秩序ではないのだ。男の子と女の子はライオンの子とは異なっており、ライオンの子は雄も雌も「その行動において完全に似通っている」[93]。ラカンは聴衆に宛てて話を続けている、「みなさんのことではありません、まさに、みなさんが性別されるのはシニフィアンとしてであるからです」[94]。動物と人間の差異は、人間が性的なものを語り、書き記し、思考し、みずからに語り、その幻像を抱かなければならない点にある。愛の言説はエロス的経験の根本的な様式である。「性的関係を言説によって再構成しなければなりません」[95]。ところで、こうした言説の必要性はまさに、互いに矛盾するようにみえる二つの理由から、性行為の関係と

(91) Jacques Lacan, *Le Séminaire XIX... ou pire...*, Paris, Seuil, 2011, p. 69.
(92) *Ibid.*
(93) *Ibid.*, p. 28.
(94) *Ibid.*
(95) Jacques Lacan, *Le Séminaire XXIV. L'insu que sait de l'une-bévue s'aile à mourre*, 1976–1977, inédit, en ligne, p. 6.

いう側面を消し去ってしまう。一方で、こうした必要性は男にとっても女にとっても同じだからだ。性的差異は言説のなかで無効となるのである。他方で、男も女も、言説の同じ法にしたがっている以上、互いに話し合うときに互いに理解し合えない。したがって、両者のあいだに「関係」はないのだ。

ボーヴォワールの議論はかくして失効する。「言語活動が機能し始めるときから、第二の性は存在しません。また、この事象を別の仕方で表現すると、異性愛《ヘテロセクシュアリティ》と呼ばれるものに関して言えば、「ヘテロ〔hétéros〕」——ギリシア語で他者を言い表すために用いられる語——は、性的関係にとって、存在としてみずから空になる状況にあります。性的関係によって言葉に与えられるこの空隙こそ、まさしく私が〈他者〉の場と呼ぶもの、つまり、こうした言葉の諸効果が刻み込まれる場なのです(96)」。

こうした難解な決まり文句によってラカンが主張するところによれば、各々の性がその固有の言説を構成するのは、〈他者〉へとこの言説を差し宛てることによってである。この〈他者〉は実際に愛を交わす相手としての他者ではなく、私たちが知らないまったき〈他者〉である。私たちが語りかける宛先だが、物理的に存在する人物に一致せず、これからもけっして一致することのない、欲望の真の対象である。

ラカンはこうして、第二の性を〈他者〉という一般的なカテゴリーへと送り返すが、ボーヴォワールの方は第二の性をそうしたカテゴリーから引きずり出すべく配慮していたのだった。それは男と女のカテゴリーがもはや何も意味しないということではなく、同じ言語活動に関係し、同じ絶対的シニフィアンを欲望するための互いに伝達不可能な仕方を指し示しているということである。このシニフィアンこそが「ファロス」である。なるほど、ファロスはペニスではない。すでにみたように、セクシュアリティは生殖性を際限なく超過するからである。にもかかわらず、男にとっても、女にとっても、ファロス、欲望を支配する——究極の——シニフィアンは勃起、つまり、屹立した偶像でしかありえない。「屹立したファロスのイメージはここでは根本的なものです。そうしたイメージはひとつしかありません。男性的なイメージ、さもなくば去勢か、これ以外の選択肢はないのです[97]」。

ファロスという象徴的なものは逆説的である。そのイメージとしては男性的だが、象徴的なものはいかなる性においても具現化されない。女性のセクシュアリティの自律性、クリトリスとヴァギナの関係の特有性はこの象徴的なものから派生したものであって、それゆえ当初から

(96) Jacques Lacan, *Le Séminaire XIX... ou pire*, *op. cit.*, p. 69.
(97) Jacques Lacan, *Le Séminaire IV. La Relation d'objet*, Paris, Seuil, 1994, p. 49–50.〔ジャック・ラカン『対象関係(上)』ジャック゠アラン・ミレール編、小出浩之・鈴木國文・菅原誠一訳、岩波書店、二〇〇六年、五七頁〕

の問いではないのである。

すでに「女性のセクシュアリティについての会議に向けた教示的意見」において、ラカンは、女の二つの器官の存在——また同時に、二つのオルガスムの存在——によって示される問いが解決しえない無益な特徴をもっている点を強調している。「クリトリスの享受とヴァギナによる満足感のあいだの実にとるに足りない対立は［「享楽」と「満足」の区別に留意しておこう］、理論がその動機を、ここに主体の不安を住まわせるまでに強化し、さらには、この不安を権利要求にとは言わないまでも、主題にまでもち込んだのをみた——だからといって、それらの対抗関係がいっそう正しく解明されたとは言えないだろう。これは、ヴァギナによるオルガスムの性質が侵入を許さない闇を保持していることによるのである。［…］性の女性代表者たちは、精神分析家たちのあいだでその声がいかに偉そうに響こうと、やはりこの刻印の取り消しのために、最善のものを与えてくれたとは思えない。［…］彼女たちは概していくつかの隠喩に満足していて、理想におけるその気高さは、ありあわせのものが、さほど意図的ではない詩情によって私たちに与えてくれるものと比べて、より好ましい価値のあるものは何も示していない(98)」。

第二の性という考え方の拒絶は、女たちは悪しき隠喩を用いる以外、その固有の問題を解決することができないという不名誉な宣言から回顧的な形で生まれるのだ。

第二の性はなく、女に特有な言葉はなく、クリトリスとヴァギナについて語るべきことは何もなく、ファロスの優位がある。これがドルトがただちに捕らわれてしまった首枷である。

実際、ドルト自身、いくつかの「隠喩」を用いており、〔前述した四つの〕ブロックの隙間に個人的な考察を巧みに織り込もうとする。この隠喩とはクリトリスの「ボタン」やヴァギナの「穴」といった隠喩で——それなりに幸福な隠喩だと認めなければならない——、これらは少女によってときに「外尿道口」と混同される。(99) ドルトはすべてを手放さないようにしようとする。フロイトについて、彼女は男性的本質をもつリビドーという考え方、ヴァギナの快楽に至る諸段階（前エディプス期からエディプス期へ）という考え方をもち続ける。ボーヴォワールに関しては、少女や幼な娘から青年へ、青年から成年へ、母親から更年期、老年期へといった世代順の調査が尊重される。ジョーンズのグループについては、少女がヴァギナの存在に対して早熟な感情を抱くという理論が支持される。ラカンに関しては、ファロスの優位という学説をドルトは守っている。

第一の段階は乳幼児のエロスである。少女は「自分の外陰部に対して、あるかもしれない「取っ手」を見つけようと一定の時間を費やす」(100)。その後、この取っ手が明らかになる段階がや

(98) Jacques Lacan, « Propos directifs pour un Congrès sur la sexualité féminine », *op. cit.*, p. 727–728.〔ジャック・ラカン「女性の性欲についての会議にむける教示的意見」、二〇八—二〇九頁〕

(99) Françoise Dolto, *Sexualité féminine*, *op. cit.*, p. 91.

って来る。「少女は陰唇をぴんと張って、「ボタン」、つまりクリトリスを引っ張る。クリトリスの刺激によって、彼女はその享楽的な勃起性を発見し、これが生成途上にある遠心分離したペニスなのだとしばし期待してしまう[101]」。少女は「自分自身を、勃起状態で充満したファロスの形というイメージにする[102]」。少女の感覚は一挙にヴァギナとクリトリスによって生じ、「穴についたボタン[103]」を得るのである。

だが、ペニスと「穴についたボタン」は双方ともファロスの優位にしたがっており、この点で、ラカンがきわめて重要な同盟を認めていることは明らかだ。実際、性的関係が逆説的にも、ファロスの非現実性において男性性と女性性を解消するという考えにドルトは屈しているのだ。今一度言うと、ファロスとは、けっして誰も我有化しえない、具現化しえない絶対的なシニフィアンなのである。「性交とはこの語の十全な意味において超現実的な行為である。男と女がファロスへの共通の相補的な参照を喪失した状態を画する「脱現実化」なのである[104]」。

互いに相容れないあらゆる譲歩が混ざり合うなかで、自分の話を聞いてもらう唯一の方法は、ドルトからすれば、女性の臨床家の経験を頼ることである。とりわけ、子供たちの証言を聞くことである。ドルトによれば、子供たちがすんなり語れるようにしなければならない。子供たちが進展させる症状は親のあらゆる性的機能不全に対する反応だからである。子供たちには大人たちのリビドーが反映されているのである。この反映を精神分析家たちは普段は聞いていない。あまりに多くのシニフィアンによってセクシュアリティは自分の身体という原点から遠ざけられているのだが、実際、子供たちこそがセクシュアリティをこの原点に立ち返らせるという良識を備えている。ドルトの力になっているのは子供たちの声だ。そもそも、ドルトの報告は当時の精神分析家には死の沈黙によって受け入れられたのに対して、医者、外科医、産科医、婦人科医にはかなり称讃され、彼女の処置をまねたいと要求する人々が多数いたのだった。

ラカンはこうした事情は心得ており、この点についてはセミネールのなかでドルトに何度も讃辞を送っている。子供に関する主張がこの報告書の実に独創的な唯一の論点であることを彼は見逃さなかったのだ。

おそらくそのために、会議で報告が読み上げられた後、ラカンは彼女にこう告げたのだ。

「ああ、そんな風に話すなんて、君はふてぶてしいね〔culottée〕！」(105)

(100) *Ibid.*, p. 83.
(101) *Ibid.*, p. 88.
(102) *Ibid.*
(103) *Ibid.*, p. 90.
(104) *Ibid.*, p. 172.
(105)〔訳註〕フランス語culottée（ふてぶてしい、ずうずうしい）は話し言葉で「尻」「性交」といった意味をもつ名詞culから派生した形容詞。同じ派生語にculotte（半ズボン、女性・子供用の下着）もある。

ドルトはその後に続いた対話を伝えている。「私は彼に尋ねました、「では、私が述べたことに異論があるのですか」。彼の返答はこうです、「そんなことは言っていないよ、ふてぶてしいと言ったんだ［…］」」。ふてぶてしい？　ドルトは話を続けています。「私が述べたことは［たしかに］女性のセクシュアリティにアプローチする方法として、会場にいた男たちの方法とは実に異なっていました。男たちはどこか精神医学や哲学の精神にとらわれ続けていたのです」(106)。

しかし、いかなる点で、「女性のセクシュアリティにアプローチする方法」は「実に異なって」いたのだろうか。いかなる点で定説から逸脱していたのだろうか。キャロリーヌ・エリアシェフは著書『フランソワーズ・ドルト――特別な一日』のなかで、［ドルトによる］子供たちへの聞き取りから書き記されたいくつもの回答――そのどれもが真実味のある回答――を検討している。エリアシェフは問うている。「外見は異性愛者である女が実際は同性愛者で、母親の代わりに自分の夫を位置づけていると［ドルトが］述べていたからだろうか。母性愛が何でも正当化してしまうがゆえに、子供たちに背徳的な小児愛――それ自体は探知できない性質――を抱いている女について語っていたからだろうか。オルガスムを得ることがあらゆる害悪に対する特効薬だと考えられていた当時、不感症というわけではないのに、自分の子供の教育に関してまともではない女たちを知っていると語っていたからだろうか。自分にはペニスがないことに気がついた少女の落胆――ドルトによれば、一時的な落胆で、少女は十分に回復している――に関する理論に対して、その過剰さを告発していたからだろうか[107]〔…〕」。子供用下着《キュロット》〔culotte〕は何を明らかにし、何を隠しているのだろうか。何かを明かすと同時に何かを隠しているのだろうか。女性のセクシュアリティが問われている際、精神分析がなおも妥当であるかどうかがもはや十分に理解されていないということだろうか。

自分がどんな女であるのかという質問に対して（自分がどのブロックに属しているのか、彼女は隠していた）、ドルトは純朴かつ巧妙な、謎めいた返答をすることになる。「自分が誰なのか、まったくわかりませんが、自分のことをとても愛してくれる人々には本当に感謝しています。そのおかげで、自分のことが大好きでいられるからです。しかし、自分が誰なのか、まったくわかりませんし、そのせいであなたに答えることができないのです。自分自身の女性性がどこにあるのかさっぱり検討がつかないのです。わかりません、その点について語ることはできません[108]」。

（106）マガリ・タイエブ＝コーエンが報告している挿話。Magali Taïeb-Cohen, in « Ce que les femmes doivent à Dolto », Colloque de la Fondation européenne pour la psychanalyse, https://fep-lapsychanalyse.org/wp-content/uploads/2019/04/Taieb-6-avril-2019.pdf, p. 7.

（107）Caroline Eliacheff, *Françoise Dolto. Une journée particulière*, Paris, Flammarion, 2018, p. 181.

（108）« Entretien avec Jean-Pierre Winter », cité in *ibid.*, p. 183–184.

8　「女性器とはクリトリスである[109]」、カルラ・ロンツィと差異のフェミニズム

クリトリスとヴァギナという二つの器官のあいだには力関係があると頻繁にみなされてきたが、このような見方を決定的に変えるにはどうすればよいのだろうか。支配と隷従という古い図式にしたがって両者の関係をもはや解釈しないようにするにはどうすればよいのか。

カルラ・ロンツィ[110]によって、これらの問いはまったく新しい力で鳴り響き、山火事のように燃え上がることになる。一九三一年にフィレンツェに生まれたカルラ・ロンツィはイタリアのラディカル・フェミニズムの先導者の一人である。彼女は一九七〇年に「ミラノ女の本屋」の界隈に集まった女性たちとともに「女の反乱〔Rivolta Femminile〕」というグループを創設する。

（109）カルラ・ロンツィ『クリトリス型の女とヴァギナ型の女』の冒頭の言葉。Carla Lonzi, *La Donna clitoridea e la Donna vaginale e altri scritti*. Scritti di Rivolta Femminile (1974), et al/Edizioni, Milan, 2010, p. 3.（フランス語訳はいまだ存在しないため、引用者による翻訳）

（110）〔訳註〕カルラ・ロンツィ（Carla Lonzi : 1931–1982）はイタリアの美術批評家でフェミニスト活動家。『ヘーゲルに唾を吐こう』（一九七〇年）はイタリア・フェミニズムの先鋭的テクストで、ヘーゲルの弁証法と承認論の父権性に対して、女性の平等への権利要求がなされる。『クリトリス型の女とヴァギナ型の女』（一九七一年）では、フロイトやライヒの精神分析が論じられ、ヴァギナのオルガスムによって女性が男性の補完的存在となっている構造に対して、クリトリスを介した女性のセクシュアリティの問い直しが示される。『黙れ、いやむしろ語れ――あるフェミニストの日記』（一九七八年）では、偽名で虚構的に描かれる友人たちとの交流から女性のセクシュアリティが探究される。

その活動に没頭するべく、彼女は当時の伴侶と別れ、広く知られていた美術批評の活動までも放棄する。結局のところ、彼女はアカデミック・キャリアから離れ、美術史家ロベルト・ロンギの指導下で執筆した修士論文「一九世紀末以降の舞台と視覚芸術の関係」を成功させたにもかかわらず、その出版を拒否してしまう。この出版物とキャリアによって「私はせいぜい文化として「分類」されたかもしれませんが、私にとってはアイデンティティに関する唯一の好機を失うことに等しかったのです(111)」と彼女は言っている。

カルラ・ロンツィは哲学教育を受けたわけではないものの、彼女の有名な仕事はまちがいなく哲学的である。というのも、ロンツィは「ヘーゲルに唾を吐こう！〔Sputiamo su Hegel !〕」と宣言し、みずからの主要なマニフェスト本(112)のタイトルにしているからだ。ヘーゲルが考えていたとおり、主人と奴隷の弁証法は死を賭けた闘争である。二つの意識は互いに生命を賭けた承認をめぐる争いにおいて敵対する。たんなる物ではなく意識として認められるためには、それぞれが生に執着していないことを相手に証明しなければならない。各々が死を覚悟し、同じ身振りで相手を殺せる状態にあることを互いに示すのだ。最終的にヘーゲルは、二つの意識のうちの一方が恐怖に屈し、他方が服従することを受け入れるところまで議論を進める。このとき、一方は奴隷であり、もう一方は主人である。ロンツィからすれば、この弁証法、この対立の論理では、一方で男女の関係を、他方でヴァギナとクリトリスの関係――この二つのタイプの関係は互いに切り離せない――を説明し損ねてしまう。ロンツィはこれらの関係を支配している暴力性を否定しているわけではない。彼女は男性支配の現実とそれによる女性のセクシュアリティの規範化をまさに告発しているからだ。主人と奴隷の弁証法は始まりと終わりを取り違えている。ロンツィの著述によれば、「ヘーゲルが奴隷を抑圧してきた起源を認めたように、女性を抑圧してきた男性的起源を認めていたならば、彼は主人と奴隷の弁証法を女性抑圧の場合にも等しく適用したはずである。そうすれば、彼は深刻な困難に遭遇したことだろう。つまり、革命的な方法が社会の力学の諸契機を実際に把握しうるとしても、女性解放がそれと同じ図式に収まらないことは疑いの余地がないのである。女性と男性のあいだには、一方が他方を排除するような解決策はなく、権力を奪取するという考え方そのものが崩壊してしまうのである[113]」。

ヘーゲル的な闘争図式は、その可能性の条件として、一方が権力を掌握する現実を認めている。最終的に主従関係は逆転するものの、権力そのものは残り続けているのだ。フェミニズムの課題とは、権力がアプリオリに存在しているという考えをまさしく再検討することである。

---

(111) Michèle Causse et Maryvonne Lapouge (éd.), *Écrits, voix d'Italie*, Paris, Des Femmes, 1977での引用。
(112) Carla Lonzi, *Crachons sur Hegel. Une révolte féministe*, trad. « Les derniers masques », Paris, Eterotopia, coll. « Rhizome », 2017.
(113) *Ibid.*, p. 49.

そして、服従と支配を同時に宙吊りにし、解体することを可能にするレバーを作動させることである。このレバーこそが差異なのだ。

実際、対立の論理とは対照的なものとして差異の概念がはじめて登場したのが『ヘーゲルに唾を吐こう』である。

差異を前にすれば、弁証法など空疎だ。フェミニズムは解放された奴隷の思想ではないのである。

女性の差異はそのセクシュアリティに直結しており、ヴァギナとクリトリスの関係はその根本的な発現である。「クリトリス型の女」という主張についても、カルラ・ロンツィに由来している。彼女のもうひとつの決定的なマニフェストである『クリトリス型の女とヴァギナ型の女(114)〔*La Donna clitoridea e la Donna vaginale*〕』では「クリトリスはその二次的な役割を失わなければならない(115)」という主張がなされている。というのも、女性器とはクリトリスのことなので、クリトリスがヴァギナに服従する筋合いはないからだ。「女性器とはクリトリスであり、男性器とはペニスである(116)」。

このようにしてクリトリスは女性の――その差異の――リビドー的自律性の象徴となると同時に、「男性の性文化」における異性愛規範に抵抗する領域となるのである。

クリトリスとヴァギナという二つの器官に対する伝統的な見方を断ち切るこうした身振りは、

クリトリスの享楽と自慰のあいだにしばしば確立される同等性を打ち破ることをまずもって前提としている。クリトリスへの刺激は、たとえそれが男性ないし女性のパートナーによるものであっても、自体愛の一形態、すなわち「孤独と分離のなかでオルガスムに達する快楽[117]」としばしばみなされ、このことから小児的活動と同一視されうる。「自慰によって、男性の性文化には自体愛だけでなく、性交とは異なる形での性器へのあらゆる形態の刺激が含まれている。〔…〕この文化にとって、クリトリスにもとづく性欲は、たとえそれが男性（ないし女性）のパートナーによるものであったとしても、自慰によってのみ実現されうる[118]」とロンツィは続ける。重要なのは反対に、クリトリスへの愛撫をれっきとした性的関係として肯定することだ。「私たちの考えでは、自慰と非‐自慰の差異は、他者の存在を知覚し、エロティックな交換をなす点にあり、性交の典型的なモデルを踏襲することではない[119]」――この性交モデルは「生殖

(114) Carla Lonzi, *La Donna clitoridea e la Donna vaginale, op. cit.*
(115) *Ibid.*, p. 12.
(116) *Ibid.*, p. 2.
(117) *Ibid.*, p. 13.
(118) *Ibid.*, p. 12.
(119) *Ibid.*, p. 13.

を目的とした異性間の挿入が有しているイデオロギー的価値[120]」によって完全に規定されたものである。

クリトリスの享楽という問いは、主体化という政治的な問いから切り離すことができない。クリトリス型の女の肯定は、新しいタイプの主体へと生成するための出発点である。ロンツィは、クリトリス型であることが女性にとって「一人称で考えること[121]」を意味すると明言し、クリトリスと思考のあいだに決定的な関係を築いている。たしかに、自己を知らずして自己自身で思考することはできず、自分の快楽がどこにあり、それが何であるかを知らずしてみずからを知ることはできない。学校において「若者は生殖の仕組みについて学ぶものの、性的快楽については学ばない[122]」とロンツィは書き記している。還元可能な隔たりが例外的にあるとすれば、それはこれまであまりにも問われてこなかった、思考する方法と享楽する方法の隔たりであり、頭の働かせ方とその失い方の隔たりなのだ。

こうしたことから意識変革（autocoscienza）という概念[123]が生じる。女性にとって、自分の性器や快楽についての自己意識は、〔二者択一的な〕あれかこれかという意識、ヴァギナ型かクリトリス型かという意識とは区別される。それは生まれつきの所与、ある形式の運命を受け入れることではない。意識変革は、自分が意識しているもの、すなわち欲望の真の源泉を覚醒させるのだ。そうすることで、ヴァギナの不感症を疑い続けることに起因する恒常的な罪悪感に終止符を打つことができる。実際、「ヴァギナ型の女」とは男性的な性の図式が投影されたものにすぎず、「クリトリスを隠蔽し、未使用のままにしておくことに成功した家父長的な文化[124]」による捏造である。「どうしてヴァギナ型の女は、これほど膨大な性の問題を意識することをためらうのか」とロンツィは議論を続ける。[125] なぜなら、家父長的な文化とはまさしく陰核切除の文化だからである。

---

(120) *Ibid.*, p. 12.
(121) Claire Fontaine, « We Are All Clitoridian Women : Notes on Carla Lonzi's Legacy », *e-flux journal*, n° 47, septembre 2013, édition en ligne, p. 6〔https://www.e-flux.com/journal/47/60057/we-are-all-clitoridian-women-notes-on-carla-lonzi-s-legacy/〕での引用。引用はロンツィの日記『黙れ、いやむしろ語れ——あるフェミニストの日記』(Carla Lonzi, *Taci, anzi parla : Diario di une feminista*, Milan, Scritti di Rivolta Femminile, 1978, p. 9) からのものである。
(122) Carla Lonzi, *La Donna clitoridea e la Donna vaginale*, *op. cit.*, p. 14.
(123)〔訳註〕直訳すると「自己意識」を意味する「意識変革」(autocoscienza) は、ロンツィが主導したフェミニズム団体「女の反乱」が提唱した理論的かつ実践的な概念。女性同士の開かれた対話を通じて、女性たちが生きる政治的、社会的、文化的な文脈を問い直す試みである。個人を出発点とし、集団的なプロセスを経て、ふたたび個人へと回帰する仕方で自己理解を進めることで、反権威主義的な意識高揚が目指されている。
(124) *Ibid.*, p. 21.
(125) *Ibid.*, p. 7.

クリトリス型の女は、女性的な意識の形象となる。だからこそ「クリトリスによるオルガスムを存分に活用するために、女は心理的な自律性を獲得しなければならないのだ」[126]。性的差異を主張するのは、二項対立的な図式に閉じ込もるためではなく、平等の概念を脱構築するためである。ラディカル・フェミニストは男性と同等に扱われることを求めているのではなく、自分たちが「真に」異なっている存在であるとみなされようと、そして何よりもまず、彼女たち自身がみずからをそうみなそうと努めているのである。当時、自分をクリトリス型だと認めることは真のカミングアウトであった。「クリトリス型の女」という表現によって、差異がカミングアウトしたのである。

女性のセクシュアリティが異性愛を規範として構築されてきたことに対する批判（これはいまだにジェンダー理論の主題的な問いとはなっていない）は、ロンツィにとっても当然ながらフロイトの精神分析を拒絶することにつながっており、クリトリスを未熟さと同一視することで女性を「ヴァギナの見習い」[127]に変える彼の理論を拒むことを前提としている。

フロイトの精神分析を拒絶することは、ヘーゲルの弁証法を拒むことに似ている。「女性にとってのフェミニズムは、男性にとっての精神分析に取って代わる。精神分析では、男性が自分を非の打ちどころのない存在とするさまざまな理由を手に入れる［…］。フェミニズムでは、女性解放というテーマを練り上げる女性的な集合意識を女が獲得する。精神分析における抑圧のカテゴリーは、マルクス主義〔およびヘーゲル主義〕における主人と奴隷の関係に相当する。なぜなら、いずれも家父長的なユートピアを構想しているからである。このユートピアでは、男性の世界での壮大な努力によって抑圧と隷従の連鎖が断ち切られるが、女性は男性のそうした努力を支えるために抑圧され支配される最後の人間存在とみなされる」[128]。フェミニスト的な意識変革において重要な争点となっているクリトリスは、いまや服従と責任のあいだの還元不可能な隔たりを示している。

しかしながら、女性たちのあいだでファロス的な力が再構成されることをいかにして回避すればよいのだろうか。クリトリスが示す隔たりが縮小されてしまう事態をいかにして避ければよいのか。

日記〔『黙れ、いやむしろ語れ――あるフェミニストの日記』〕のなかでロンツィはパートナーであるエステル〔画家カルラ・アッカルディを指す偽名〕との関係から生じたさまざまな困難を苦しげに想起している。エステルはロンツィによって支配されていると感じていたのだ。「エステルに関しては、黙っておくことしかできません。彼女は自分自身に腹を立てていて、それを認める

(126) *Ibid*., p. 4.
(127) *Ibid*., p. 6.
(128) *Ibid*., p. 8.

ことができないのです。いまや彼女は、以前はけっしてあらわにしなかったことや想像もしなかったことを思い切って言うようになりました。つまり私たちの関係では、私が男で彼女が女なのだ、と。このようにしてヴァギナ型の女とクリトリス型の女の二分法は舞い戻ってきてしまい、フェミニズムでさえもこれを終わらせることができないのでしょう[129]」。

この悲観的な表現は、ロンツィがその後の彼女の勝利を知るほど長くは生きられなかっただけに、よりいっそう悲しいものである。彼女のおかげで、そして彼女以降「差異のフェミニズム」と呼ばれたものは勢力を拡大し、人気を博していった。そのフェミニズムは「ミラノ女の本屋」やヴェローナ大学を拠点として設立された哲学コミュニティ「ディオティマ」(Comunità Filosofica Diotima)において発展し続けてきたのである。一九八二年八月二日、ロンツィは子宮がんのためにミラノで死去し、「性的差異」が以後長きにわたって新たなフェミニズムを創設する言葉となることを知ることはなかった。

(129) Carla Lonzi, *Taci, anzi parla : Diario di une feminista, op. cit.*, p. 267, cité par Elena Dalla Torre, in « The Clitoris Diaries : *La Donna clitoridea*, Feminine Authenticity, and the Phallic Allegory of Carla Lonzi's Radical Feminism », *European Journal of Women's Studies*, 2014, vol. 21, n° 3, p. 227.

9　リュス・イリガライ「女は閉じても開いてもいない」(130)

陰唇――そして口唇――はいかなる権力関係も受け入れない番人や扉のようなものである。この唇のあいだに収められているクリトリスとヴァギナはけっして相争うことがない。精神分析家であり哲学者でもあるリュス・イリガライにとって「女性器はひとつではない。少なくとも二つはあるが、ひとつずつには識別できないのだ。そのうえ、女性にはもっと多くの性器がある。女性のセクシュアリティは少なくともつねに二重であり、さらには複数である」[131]。

かくして「女性の快楽が〔…〕クリトリス的な能動性か、ヴァギナ的な受動性かを選択する必要はない。ヴァギナへの愛撫による快楽が、クリトリスへの愛撫による快楽に取って代わる必要もない。それらは互いに取り替えの効かない仕方で、女性の享楽に貢献している」[132]。

これら二つの器官のあいだにいかなる競争もないことは、まるで互いを圧迫することなく触れ合っている陰唇の関係によって象徴され、強化されているようだ。「たえず自己に触れ続けている」[133] この性器の秘密には、そして語り合うこれらの唇（陰唇と口唇）のあいだには、繰り

（130）Luce Irigaray, *Speculum. De l'autre femme*, Paris, Minuit, 1974, p. 284.
（131）Luce Irigaray, *Ce sexe qui n'en est pas un*, Paris, Minuit, 1977, p. 27.〔リュース・イリガライ『ひとつではない女の性』棚沢直子・小野ゆり子・中嶋公子訳、勁草書房、一九八七年、三〇頁〕
（132）*Ibid.*, p. 27–28.〔同前〕
（133）*Ibid*, p. 28.〔同前、三一頁〕

返しになるが「主人も奴隷もない」[134]のである。当時、主要な政治的問題のひとつとして認められていた性的差異は、ここでもまた弁証法との断絶を含意している。「それぞれの時代には［…］思考すべき事柄がひとつある。ただひとつだけ。性的差異は現代におけるそのただひとつの事柄なのだ」[135]。ただし、この思考は対立の思考ではないのである。

プラトン、デカルト、ヘーゲル、ニーチェ、ハイデガーの決定的な読解を通して、イリガライは哲学における女性の運命を模倣《ミメーシス》の運命として規定しただけではなかった。さまざまな概念を扱う際に、女性は男性たちの猿真似をするよう強いられていたのである。思考する女性は魂を与えられた物質ではない、すなわち、女性にとってつねに形相を意味する男性的なロゴスのたんなるコピーではないのである。女性はこの模倣性《ミメーシス》と物質性を、転覆する力をもつアイロニー的な鏡の効果によって回避する。このようにして『検鏡』は、いかなる女性もけっして映し出されることのない、ラカンの鏡像段階に対する反論となっている。『検鏡、他なる女について』というタイトルはもちろん「暗闇を覗く」[136]ことのできる婦人科器具を想起させるが、同時にそれは見る側の眼にも暗闇が潜んでいることを奇妙な反射効果によって明らかにしている。

見えるということが、眼や手で摑むことができるという際立った形式を意味するならば、唇が触れ合うことによって、それらが覆い隠しているものの神秘は何も見えないままである。女性的なものの存在論的な部分とされている「物質」に関して言えば、それは不定形であるのではなく、不定形になりうるものだ。「同一性に関する不定の普通名詞。(女性なるもの／ひとりの女性は) 同一性の原理に従わない」[137]。さらに先では次のようにも述べられている。「この(自己に)触れることが女性に与えるのは、自分に適合した状態に閉じ込もることなく、無限に(不定に)みずからを変化させていく形態である」[138]。このようにして、不定形になりうるものは無限の変容《メタモルフォーズ》を快楽に約束するのである。

イリガライは『ひとつではない女の性』のなかで、女性の快楽に関する真の地理学を粗描している。唇がいわゆるリビドーの源泉そのものであるとしても、それでもやはり「女性がいたるところに性器をもつ」ことに変わりはない。「女性はいたるところで享楽する。身体全体のヒステリー化を語るまでもなく、その快楽の地理学は人々が想像する姿と比べて……自同者にいささか集中しすぎた想像界において想像される以上に、はるかに多様で、さまざまに異なり、

(134) Luce Irigaray, *Éthique de la différence sexuelle*, Paris, Minuit, 1984, p. 115.〔リュス・イリガライ『性的差異のエチカ』浜名優美訳、産業図書、一九八六年、一七三頁〕
(135) *Ibid.*, p. 13.〔同前、三頁〕
(136) Luce Irigaray, *Speculum*, *op. cit.*, p. 369.
(137) *Ibid.*, p. 285.
(138) *Ibid.*, p. 289.

複雑で捉えどころがない。「彼女」はそれ自身において無限に（不定に）他なるものである[139]」。

女性と陰唇のこのような結びつきがこれまで非難されなかったことなどあるだろうか！　どれほどの懐疑的な態度によって、女性の快楽に関するこうした複数的なトポグラフィーが受け入れられてこなかっただろうか！　イリガライが何と言おうと、彼女は男根形態主義に外陰形態主義を対置したにすぎず、かくして彼女を本質主義だとする非難にみずから同意してしまったことになるだろう！

とはいえ、本質主義という語の選択は不適切だ。なぜなら本質（エイドス）とは、ギリシア人にとって、現前し始めたり現出したりする運動であり、力学だからである。本質は固定的な本性や審級ではまったくない。後世の形而上学的な硬直のせいで本質がそうなってしまったという事実は、本質というものの本源的な可塑性を何も変えはしないのである。ちなみに、イリガライ自身も、本質を実体の不動性に還元しており、本質がもつ変容する本性には気づいていなかったようである。したがって私からすれば、イリガライは十分な水準で本質主義者ではないといえる。

たしかに、彼女の思考は性的差異の理論的母型をけっして侵犯するものではない。そこにははっきりと女性的なものと男性的なものが認められるからだ。「女性のセクシュアリティはつねに男性を基準として考えられてきた[140]」し、女性の享楽は「男根形態主義を特権化する文明によって否認される」[141]。だが、二項対立の彼方で、逆説的にも二項対立を超越するエコノミーとして性的差異が理解されうることを十分にみておかなければならない。実際、二項対立について語る際には、二つの項や二つの価値の均衡や平衡が暗に示されている。しかし差異が語られることで、二元性のなかに何らかの不均衡や異質性、隔たりがすでに導入されているのだ。そもそもイリガライは二項対立よりも複数性を強調しており、そのおかげでクリトリスとヴァギナというよく知られた別の二項対立の只中に、差異によって論争の種が蒔かれうるのである。「身体、乳房、陰部、クリトリス、陰唇、外陰部、ヴァギナ、子宮頸部、子宮……このような些細なものが、すでにそれらを互いの隔たりにおいて享楽させ、この隔たりを享楽させている」[142]と彼女は書く。複数の部分は集まることができず、間隔を空けたままである以上、開／閉や能動／受動といった対の彼方へと快楽がもたらされるのだ。

しかし、この隔たりもまた非難されなかったことなどあるだろうか！　身体のさまざまな部分と欲望のあいだには厳密な一致があるという枠組みのなかに、この隔たりは依然として捕ら

(139) Luce Irigaray, *Ce sexe qui n'en est pas un*, *op. cit.*, p. 28.〔『ひとつではない女の性』、三一頁〕
(140) *Ibid.*, p. 23.〔同前、二三頁〕
(141) *Ibid.*, p. 26.〔同前、二八頁〕
(142) Luce Irigaray, *Speculum*, *op. cit.*, p. 289.

えられ、閉じ込められているとヴァレリー・トラウブは考える。イリガライによる女性的身体の形態心理学はなおも「等価の論理」[143]に依拠しているとされる。つまり、陰唇と女性的な欲望の等価性を前提としてしまっているのだ。ところで、トラウブによれば等価の論理は「ファロスによって保証されている」[144]。事実、ラカンにとって「名づけの権力」と身体の一部にシニフィアン的価値を割り当てる権力を占有しているのはファロスであり、その結果、ファロスはエロティックな同一性の象徴となりうるのである。

同一性の硬直化という予想された危険を冒してまで女性の快楽について考え、書こうとすることは、しかしながら必要なステップではなかったのだろうか。そうした試みはいまでも必要ではないだろうか。イリガライが、クリトリスに女性の身体の原理的価値を与える、いまだファロス的な象徴化の罠に嵌っていたかどうかも定かではない。というのも、彼女の記述によれば、クリトリスは「みずからの堅固さを築き上げることに抵抗する」[145]からである。

イリガライは女性の快楽に関する地理学を提起することで、女性器の特性に対するフロイト的な（そして別の水準では、ラカン的な）見方を二重化し、さらにはふたたび二重化することによって、それを侵犯しようとしていた。「ひとつではない」性の存在を主張することは、性というものをまさしく性器に還元することを拒否することであり、解剖学的語彙をそれが根づいている本来の領域から逸脱させ、精神分析がこれまで考えもしなかった身体の構築に向けて方向づけることであった。ボーヴォワールによって開始され、イリガライによって先鋭化されたこうした思想の興隆は不要になったと考えられるだろうか。イリガライは次のように述べている。「フロイトにとっては、女性の性的生成を記述するにあたって、自身の理論的立場を正当化するために解剖学的なものを援用することがとりわけ必要だった。〔…〕この解剖学的宿命の名においては、リビドー的観点からみて、女性は自然の恩恵を与えられず、またしばしば不感症で、攻撃的でもなければサディズム的でもなく、所有欲もなく、卵巣の両性具有率に応じて同性愛的であり、何らかの「交雑」によってさまざまな文化的価値に参入するのでなければ、そのような価値とは無縁である、ということになる。要するに、女性はみずからの性の価値を剝奪されているのだ。もちろんここで重要なのは、なぜ、誰のせいでそうなっているのかを知らないまま、それが「自然」のせいにされていることである[146]」。

かつてはフロイトの解剖学的な強制を別の身体図式に対置させることで、この強制をまさしく解体したり、定着させないようにしたりする必要があった。今日、この図式は再検討が可能

(143) Valerie Traub, « The Psychomorphology of the Clitoris », art. cit., p. 102.
(144) *Ibid.*
(145) Luce Irigaray, *Speculum*, *op. cit.*, p. 287.
(146) Luce Irigaray, *Ce sexe qui n'en est pas un*, *op. cit.*, p. 69–70.〔『ひとつではない女の性』、八五—八六頁〕

で、可塑的であり、かならずしも女性的ではないと言われているが、イリガライは身体を変容させるこのような書き換えの基礎を築いてくれたのである。

イリガライはレズビアンのためだけに書いていると非難されたこともある。『ひとつではない女の性』の「私たちの唇が語り合うとき」という章のなかで、あきらかに唇は愛し合い抱擁し合う（少なくとも二人の）女性たちの唇であるからだ。イリガライは次のように書いている。「輝かしい、私たち。一人がいなければ、二人もいない。私は数えることができた試しがない。あなたまで数えるなんて。彼らの計算では、私たちは二人。本当に二人ですって？ 笑いたくならない？ おかしな二人。だけど、一人ではない。とりわけ一人ではないの。一人ということは彼らに任せましょう[147]」。

はたしてこれは問題なのか。この場面については複数の解釈がありうるのではないだろうか。いずれにせよ、オードリー・ロードが書いているように「真のフェミニストは、女と寝るかどうかにかかわらず、レズビアンの意識にたえず向き合っていなければならない[148]」というのは、つねに正しいのではないだろうか。

（147） *Ibid.*, p. 206–207.〔同前、二七〇―二七一頁〕
（148） Audre Lorde, « An Interview with Audre Lorde », *American Poetry Review*, vol. 9, n° 2, 1980, p. 21.

10

「罪なき女性器に対する愛情と敬意とともに[149]」

二〇一八年の「女性の性切除」(150)に関する報告において、元老院議員であるマリヴォンヌ・ブロンダンとマルタ・ドゥ・シドラックは、(私自身もそうしてきたように)揺速にも切除術ないしは陰核切除術と呼ばれている事柄について、専門用語にまつわる重要な明確化を二点おこなっている。(151)

一点目は、現在フランスにおいて公的な呼称となっている「女性の性切除」(MSF)という表現そのものに関係する。この名称は、一九五〇年代末から幾度もなされてきた定式化と再定式化の帰結であり、そのような度重なる修正は認識がたえず変化してきたことを物語っている。

---

(149)「罪なき女性器に対する愛情と敬意とともに〔With tenderness and respect to the blameless vulva〕」は、アリス・ウォーカーがみずからの小説『喜びの秘密』に付した献辞である。Alice Walker, *Le Secret de la joie* (1992), trad. de Louise Tréham, Paris, J'ai Lu, 1994.〔アリス・ウォーカー『喜びの秘密』柳沢由実子訳、集英社、一九九五年、四頁〕

(150)〔訳註〕フランス語圏におけるこの「女性の性切除(mutilations sexuelles féminines)」という表現は、たんに女性器が身体から切除されるだけでなく、女性のセクシュアリティに関する快楽や主体性、自己決定権といったさまざまな要素が他者によって決定づけられ、支配されてしまうという意味合いを含んでいる。

(151) Maryvonne Blondin et Marta de Cidrac, *Rapport d'information fait au nom de la délégation aux droits des femmes et à l'égalité des chances entre les hommes et les femmes sur les mutilations sexuelles féminines*, Sénat, n° 479, session ordinaire de 2017–2018, enregistré à la présidence du Sénat le 16 mai 2018. オンラインでアクセス可。〔https://www.senat.fr/rap/r17-479/r17-4791.pdf〕

報告者たちは「一九五八年に国際連合が、一九五九年に世界保健機関がはじめてこの問題を把握したとき、切除術は慣習にもとづく儀礼的な手術だと考えられていた[152]」と書き記している。当時、切除術は割礼と同一視されていたのだ。

しかし一九七〇年代半ば以降、この「手術」は次第に女性に対する暴力だとみなされるようになった。その結果、「切除〔mutilations〕」という用語が公式のものとされたのである。イギリスの一部では「女性器切断〔female genital cutting〕」（FGC）という考え方に重きが置かれ、世界保健機関では「女性器切除〔female genital mutilations〕」（FGM）という表現が採用されているのに対し、フランス語圏の国々では女性の性切除という表現を用いるのがよいとされる。二〇一三年には、国家人権諮問委員会（CNCDH）が「女性の性切除は「少女や女性の基本的権利の侵害」であると明言し、「このような切除は何よりもまず人権という観点から反対されなければならず」、「医学的な問題に還元されること」も「性器切除」という用語の根底にある「慣習の生物学的側面」に還元されることもあってはならない[153]」と強調している。

二点目の明確化は性切除の多様性を認めることと関係しており、このこともまた一九五〇年代と比較すれば大きな変化をしるしづけている。「世界保健機関によって一九九七年に公表され、二〇〇七年に改訂された類型論は、切除に関する三つの主要なカテゴリーを明らかにしている。これら三つに共通しているのは、医師の忠告を聞くことなしに女性の外性器に対してなされる慣習であるという点だ。
タイプ一――陰核切除術、すなわちクリトリスと／あるいは陰核包皮の一部もしくは全体の切除。
タイプ二――切除術、すなわちクリトリスと小陰唇の一部もしくは全体の切除。大陰唇の切除を伴う場合と伴わない場合がある。
タイプ三――性器縫合、すなわち小陰唇と／あるいは大陰唇の切除と接合によって、ヴァギナの入り口を狭めること。クリトリスの切除を伴う場合と伴わない場合がある。このようにしてつくられた結合面は、婚姻と／あるいは分娩の際に切り開かれることとなっている。比較的稀であるこのタイプの切除は、主として東アフリカでおこなわれているようだ。
タイプ四――医療目的ではなく女性器に対して害を及ぼす他のすべての施術。たとえば性器を刺したり、穴を開けたり、切ったり削ったり焼いたりすること[154]」。

(152) *Ibid.*, p. 9.
(153) *Ibid.*, p. 9–10. アフリカでは、一九九一年に「女性と子供の健康に悪影響を及ぼす慣習」についての国連セミナーがブルキナファソで開催され、女性器切除という用語が最終的には推奨されるとともに、「女子割礼」という表現は廃止された。
(154) *Ibid.*, p. 12.

同じく国家人権諮問委員会によれば、世界では一五秒ごとに少女や女性に対する切除がなされているとされる。そして、調査がおこなわれた二億人のうち、四四〇〇万人が一五歳以下である。欧州評議会議員会議の報告はこう強調している。「男子割礼と女性器切除を比較することは拒絶されなければならない。性的快楽を唯一の機能とするクリトリスに相当するものが男性には存在しないという理由がもち出されるとしても」[155]。レイプに反対するフェミニスト・グループの会長であるエマニュエル・ピエット医師によれば、切除は「女性の快楽を除去することを目的としている。この点で、まさに性切除が問題なのだ」[156]。

「『マリアマ、生きたエコルシェ』の著者アリマタ・フォファナは、切除術に携わる女性施術者が何度も刃を動かすことによって生じる筆舌に尽くしがたい痛みや、むき出しの傷口が九〇度のアルコールで消毒される際の焼けるような痛み、「手術」のあと何日にもわたって歩くことも座ることもできなかった痛みの記憶をもち続けている」[157]。

また、アフリカ系アメリカ人でフェミニスト作家のアリス・ウォーカーの著作は、そのスタイルと詩的創造性によって、別の強力な証言となっている。ウォーカーはみずからの戦闘的な活動を、黒人の公民権運動と女性の性切除の廃止運動という二つの闘争の交差点に位置づけている。一九九二年に書かれた『喜びの秘密（*Possessing the Secret of Joy*）』[158]は、まちがいなく切除の問題に捧げられた最初の小説である。それにつづく著作が『戦士の刻印――女性器切除と女性の性的盲目（*Warrior Marks : Female Genital Mutilation and the Sexual Blinding of Women*）』[159]であり、これはプラティバ・パーマー監督によって同名のドキュメンタリー映画となっている。映画のなかでウォーカーは、切除術についてアフリカ各地を巡る旅に出るのだが、映画のラストは「手術」の準備をする切除術の女性施術者——彼女自身も「切除」されている——との対話で締めくくられる。

映画の冒頭シーンには、「私たちは女性器切除を糾弾する」と歌う女性グループが登場する。そのうちの聡明な女性（コンフォート・I・オッター）はカメラに向き直ってこう述べる。「これは文化ではない、拷問だ（this is not culture, this is torture）」[160]。ウォーカーは倫理的な問題をこのよう

---

(155) *Ibid.*, p. 20.
(156) *Ibid.*, p. 138.
(157) Halimata Fofana, *Mariama, l'écorchée vive*, Paris, Karthala, 2015. 同書は元老院による報告の五頁で参照されている。〔この引用自体は報告の二一頁にある。〕
(158) Alice Walker, *Le Secret de la joie, op. cit.*〔『喜びの秘密』〕
(159) Alice Walker et Pratibha Parmar, *Warrior Marks : Female Genital Mutilation and the Sexual Blinding of Women*, New York, Harcourt Brace, 1993. このドキュメンタリー映画はVimeoで視聴可。
(160) Tobe Levin, « Alice Walker, Activist. Matron of FORWARD », *in* Maria Diedrich, Henry Louis Gates, Jr. et Carl Pedersen, *Black Imagination and the Middle Passage*, W.E.B. Dubois Institute series, 1999, p. 240.

な言葉で定式化する。「苦しんでいるひとに直面しながら、そのひとを見ないでいることができるだろうか。そのひとにこうした苦痛を与え、これからも平然と苦痛を与え続けるであろう彼〔男性形のheが用いられていることに注目〕のように、そのひとを無視することができるだろうか」。また、次のようにも述べられている。「激しい苦しみのうちにあるということは、苦しんでいない他者がその苦しみを信じてくれないという確信を伴う」。切除は苦痛の深淵であり、この深淵は権力――苦痛を疑う人々の権力の記章に反転するのである。

「あたしは長いあいだ、自分が死んでいることに気がつかなかった」。アフリカで生まれ、結婚後はアメリカで暮らすタシの言葉から『喜びの秘密』は始まる。[161] タシは宣教師の息子アダムとの交流によってすでにアメリカに親しんでいたが、祖先の文化――（架空の部族である）オリンカ族社会の文化――に忠実であったため、思春期にツンガ（切除術の女性施術者のこと）の刃に自発的に身を委ねた。彼女はみずからの民族への忠誠を、そのような行動で明示することができると信じていたのである。だが、切除術は真のトラウマとなり、アダムと結婚した若きタシはその生涯を通じて精神の錯乱と闘うことを余儀なくされ、祖先から受け継いだ切除の道理を理解しようという空しい試みを強いられた。その後、彼女は精神分析によって身体の統一性を取り戻している。「晩年に、あたしはずいぶん前に捨て去ったこの身体を回復した」[162]。しかしタシは、切除を原因とする出血によって死んだ姉ドュラの切除術の光景を思い出したときに、別の心理的なダメージを受けた。女性施術者マリッサが、ドュラの性器の一部を突進してきた雌鶏に向かって放り投げる、きわめて耐え難い記憶がタシに蘇ったのである。「雌鶏はこの瞬間を待っていたかのように、マリッサの足に向かって突進した。雌鶏は宙に浮いたものを眼で捉え、次の瞬間には落ちたそれを見つけて、嘴と首をさっと伸ばしてあっという間にそれを飲み込んだ」[163]。タシにとって、切除術は殺人と同様なのだ。結局のところ彼女は復讐を果たすためにアフリカに戻り、施術者をナイフのひと突き——刃には刃を——で刺し殺した結果、彼女自身が死刑宣告を受ける。

この物語には三本の糸が絡まり合っている。それは性器切除に対する糾弾、家父長的権力との共犯関係が女性たちに強いられた状態、沈黙を破る必要性の三つである。ここにはさまざまな声がこだましている。「あなたの沈黙があなたを守ることはない」[164]というオードリー・ロードの声。トニ・モリスンの声、とりわけ『ビラヴド』[165]の「再-記憶（re-memory）」の声（「もし

(161) Alice Walker, *Le Secret de la joie*, *op. cit.*, p. 9.〔『喜びの秘密』、一三頁〕
(162) *Ibid.*, p. 105.〔同前、一三五頁〕
(163) *Ibid.*, p. 75.〔同前、九四頁〕
(164) Audre Lorde, « Your Silence will not Protect You », *Sister Outsider*, New York, Crossing Press, 1984, p. 41.
(165) Toni Morrison, *Beloved* (1987), trad. d'Hortense Chabrier et de Sylviane Rué, Paris, Christian Bourgois, 1989.〔ト

あなたが自分の苦しみについて自分自身をだますとしたら、あれは自分で蒔いた種だと語る人々によってあなたは殺されてしまうだろう」[166]というタシの言葉とのユニゾンで）。「多くの黒人女性が、私たちの身体を受け入れ愛するために闘っている（many black women are struggling to accept and love our bodies）。私たちの何人かにとって、それは私たちの色を愛することを学ぶということだ。また、この色を愛せるようになった人々もいて、彼女たちはこの色を褒めたたえ、自分たちの言語のエロティシズムや他の女性たちへの語り方にこの色を加えている。しかし、多くの黒人女性には虐待のトラウマがある。セクシュアリティに至るまでに私たちは傷つけられているのだ[167]」というベル・フックスの声。

ウォーカーにとって、そして彼女とともに合唱するすべての女性たちにとって、アフリカの女性たちが被る切除は、アメリカの黒人女性が被る身体的暴力や性的虐待やレイプ——これらは奴隷制の遺産である——と異なるものではない。奴隷制と同じく、性器切除は象徴的な殺人を意味している。

犠牲者か生存者《サバイバー》か。適切な呼称がなおも議論されている。

ニ・モリスン『ビラヴド』吉田廸子訳、ハヤカワepi文庫、二〇〇九年〕

(166) Alice Walker, *Le Secret de la joie*, *op. cit.*, p. 102.〔『喜びの秘密』、一三三頁〕

(167) Bell Hooks, *Sisters of the Yam : Black Women and Self-Recovery*, New York, Routledge, 2015, p. 133.

11

切除と修復——適切な語とは？

「切除〔mutilations〕」という語を用いることに反対する声は、しかしながら、ますます大きくなってきている。それによれば、性器切除と表現されようと性切除と表現されようと、この切除という言葉がもつ不適切な特徴は何も変わらない。今日、LGBTコミュニティのメンバーや研究者や医師たちは、論争の立役者である世界保健機関が公認するこれらの標準的な名称が適切であるかどうかを再検討している。これまで見てきたように、女性の性（ないし性器）切除という呼称が暗に示しているのは、女性器に対する医学的に正当化されないいかなる処置も拷問の事例であり、身体の統一性に対する権利侵害の事例であり、まずもって文化的慣習の一部などではないということだ。女性の性切除や女性器切除という名はこうして、それ自体がすでに差別の形態となっているのだろう。(168) もっとも、世界保健機関がこうした処置の非西洋的な形態しか考慮に入れていないことは明らかだ。

なぜ女性に対する切除が症候として際立ち、それ以外の処置、たとえばインターセックスの

(168) たとえば次を参照のこと。「サン・ドゥニの女性シェルターの創設者であるガダ・ハテム医師への二〇一七年一二月一四日のヒアリングでは、性切除の問題と女性一般に対する暴力の問題を切り離すことはときに困難であること、強制結婚、レイプ——とりわけ夫婦間のレイプ——や家庭内暴力とともに、切除術はまちがいなく女性一般への暴力との連続性のうちにあることが示された」(Maryvonne Blondin et Marta de Cidrac, *Rapport d'information*, *op. cit.*, p. 5)。

子供たちに対する同意なき処置（手術やホルモン治療）、性発達バリエーション〔variations du développement sexuel〕[169]に関わるすべての患者たちに対する処置はそうなっていないのだろうか。また、なぜ割礼は除外されているのだろうか。

「女性器切除に関する世界保健機関の政策に対する批判」というきわめて辛辣な論文で、ブライアン・D・アープとサラ・ジョンスドッターという二人の研究者は、女性器切除に反対する法が倫理的にも法的にも疑問視されうる理由を説明している。[170]「私たちがとくに再検討を要すると考えているのは、これらの慣習を語るために用いられる術語である。「切除」という語は、処置の深刻さ、コンテクスト、そして処置を要請する動機を考慮せずに使われており、いくつもの理由から信用ならないものである[171]」。

まず、「切除」という語は曖昧である。この語はきわめて多様な施術を含み込んでおり、それらはセクシュアリティや健康に対して一様の結果をもたらすわけではない。たとえば、「身体組織を切り取ることなく施される儀礼上の刺し傷や切り傷は、かならずしも機能を損なわせるわけではなく、女性の外性器の見た目にいかなる変質も引き起こさない[172]」。

そして「切除」という語は、施術をおこなう、あるいは施術を認可する女性や男性の動機を損なってしまう。「この語は苦痛を引き起こすという意図や醜くしようという意図を含意している。ところが、たとえば自分の子供――女であれ男であれ、インターセックスと／あるいは性分化疾患であれ――のために性器の外科手術を要望する親は、切除という言葉をけっして受け入れはしないものの、治療や改善といった言葉であれば、その是非はともかく用いるだろう[173]」。

ここで想起しておきたいのは、現代医学の規範にしたがえば、染色体の組み合わせがXYであればその身体は遺伝学的に男性で、XXの組み合わせであれば遺伝学的に女性とみなされるということである。

「インターセックス」（この語も非常に批判されている）と呼ばれる子供たちは、思春期にな

(169) 英語のDisorders of Sex Development（DSD）〔性分化疾患〕のこと。これに相当するフランス語はTroubles du développement sexuel（TDS）〔性発達障害〕ないしTroubles de la différence sexuelle〔性差障害〕である。とはいえ、否定的な意味合いを排した表現であるVariations du développement sexuel〔性発達バリエーション〕のほうがあきらかに望ましい。障害やバリエーションが語られるのは、ある個人の生物学上（染色体上、ホルモン上、解剖学上）の性的特徴が既存のジェンダー規範に合致しないときである。

(170) Brian D. Earp et Sara Johnsdotter, « Current critiques of the WHO policy on female genital mutilations », *International Journal of Impotence Research*, décembre 2020, p. 1–43. オンラインでアクセス可。www.academia.edu/42281793/（引用者による翻訳）

(171) *Ibid.*, p. 3–4.

(172) *Ibid.*, p. 4.

(173) *Ibid.*

るまでに生殖器整形手術を受ける。たとえば、インターセックスの新生児が遺伝子検査の後、遺伝的に女性（XX）であるとみなされた場合、ペニスと混同されかねない生殖組織を取り除くための外科手術がおこなわれる。一般に、（クリトリスの縮小を伴う）外性器再建手術は生後三ヶ月前後から開始される。当該器官が医学用語でいうところの陰核陰茎《ミニペニス》に外見上似ている場合は、反対にこの手術の大半がクリトリスからペニスを形成する手術となる。

　ところで、性別未確定の度合いがどの程度であれば、子供の性器の処置が正常なものとみなされうるのだろうか。

「切除」という語の使用に反対する先進的な別の議論は、〔非西洋における切除と〕まさしく同様の侵襲性を伴う西洋的な切除の諸形態にはこの語がけっして適用されないという事実に関係している。たとえば、「アメリカなどにおいて、美容上の理由から思春期の少女たちのあいだで次第に人気が高まっている「美容大陰唇整形（あるいは小陰唇整形）」[174]はその一形態である。

　さらに次のようにも指摘されている。「「切除」という言葉は、女性に対してなされる性器切除の非西洋的な形態のすべてに見境なく適用されているのに対し、医学的にはかならずしも必要とされない男性器切除は、その深刻さ、同意の有無、危険性を問わず、そのいかなる形態も公的には男子割礼（MGC）とみなされてはいない[175]」。

　それでは、なぜ切除術＝（女子）割礼という方程式を反転させて、割礼をまさしく（男性の）

切除の一形態とみなさないのだろうか。[176]男性の切除術も、消毒されていない道具によって麻酔なしでおこなわれ、性生活にとってマイナスとなる影響が説明されていない場合には、感染症やヘルペスや神経障害のリスクを伴うことになる。そうだとすれば、前述のように、一九五〇年代末のフランスでは割礼と切除術とが等しいものとされていながらも、最終的にはなぜそうした見方が禁止されたのだろうか。この禁止は本当に正当化されるものなのだろうか。

最後に、「切除」という語はそれ自体によって、快楽を毀損する可能性がある。実際、この語は女性に不必要なスティグマを負わせ、自己イメージや自尊心にネガティヴな影響を与え、それによって彼女たちのトラウマを悪化させる恐れがある。多くの人々が「切除」という語を中傷的だと考えている。西洋諸国において、いわゆる「切除術を受けた」「クリトリスのない」若い女性たち（このような呼称そのものが西洋的である）はコンプレックスを抱え続け、「か

（174）*Ibid.*, p. 4-5.
（175）*Ibid.*, p. 5.
（176）「男性器切除（MGC）には、儀礼による刺し傷（たとえば、ハタファット・ダム・ブリット）、ピアッシング、尿道内部の擦り傷、瀉血、陰茎への切込み、包皮への裂傷（たとえば、パプアニューギニアのさまざまな民族集団での事例）、戦争における刑罰として強いられる輪切術、オーストラリアのアボリジニにおける［…］尿道切開、去勢（今日ではかなり珍しくなったが、インドのヒジュラーに対してはいまでもなされている）や切断などが含まれる」（*ibid.*, p. 6）。

ならずしもそうとは限らない」[177]のに生涯にわたって享楽を禁じられていると考えてしまうのだ。それでは、何が快楽を抹消しているのだろうか。行為としての切除か、それとも名としての切除か。

切除が快楽を抹消する――この定式がもちうる先の二つの意味〔行為としての切除と名としての切除〕は、互いを遠ざける知覚しえない隔たりにおいても維持されうるのだろうか。すなわち、言語と言語が指し示すもののあいだに、文と文が指し示すもののあいだに距離は存在するのだろうか。女性の性切除や女性器切除を糾弾することと、糾弾する際の用語そのものを拒絶することを、いかにして同時に理解すべき（理解しないでおくべき）だろうか。

デルフィーヌ・ガルデは次のように問うている。「さまざまな議論の適切さや妥当性をどのように明言すればよいのだろうか。差異の尊重や新植民地主義との闘いの名のもとに、視野狭窄で、あるいは非人間的であらねばならないのだろうか。人格に対する深刻な侵害が指摘されるときにも、行動を起こすことは禁じられるのだろうか。他者の文化を軽蔑したり非難したりすることなく「アクティヴィスト」であることはできるのだろうか。こうした袋小路に入り込んでしまう定式とは異なる、別の二者択一は存在するのだろうか。「女性の性切除」を批判することは、支配的な西洋の規範を押し付けることになるのだろうか。批判しないことは、切除術のような慣習を支持し、その存続を認めることになるのだろうか[178]」。

今日のフェミニズムは、統合失調症のような形態を強要し、このような形態をみずからも避けられないのだろうか。

（177）「修復」という語については言うまでもない。この語は性器再建手術を形容するために用いられているが、いったい「修復された女性」とは何なのだろうか。

（178）Delphine Gardey, *Politique du clitoris*, *op. cit.*, p. 90.

12

技術的に改造された身体——ポール・B・プレシアドとトランスフェミニズム

あなたは躍起になって私の腎臓をもぎ取ろうとする。腎臓はそれを頑なに拒む。あなたは私の胆嚢に触れる。私は待ちくたびれて不平を言い、裂け目に落ち込む。頭は引きずり込まれ、心臓は口から跳び出しそうになる。動脈のなかで、血液が完全に凝固したように私には感じられる。

——モニック・ウィティッグ『レズビアンの身体』(179)

手つかずのままの身体など存在しない。生まれながらにあるがままの状態であり、その性自認がいかなる変形も被っていないような身体など存在しない。そしておそらく、変形と切除の境界はそれほど大きく隔たってはいないだろう。これらの問いは、トランスフェミニストの哲学者ポール・B・プレシアド[180]の著作の中心にある。『カウンターセックス宣言』から『テスト・ジャンキー』を経て、『天王星《ウラヌス》のアパート』と『あなた方に語りかける私は怪物[181]』に至る

(179) Monique Wittig, *Le Corps lesbien*, Paris, Minuit, 1973, p. 33.〔モニック・ヴィティッグ『レスビアンの躰』中安ちか子訳、講談社、一九八〇年、二八頁〕

(180)〔訳註〕ポール・B・プレシアド (Paul B. Preciado : 1970–) はトランスジェンダーの作家、哲学者、キュレーター。スペインでの出生時にベアトリスと名づけられたが、早い時期にレズビアン、次いでトランスジェンダーを自認した。二〇一五年からポールの名を名乗り、男性として市民権登録をしたが、ノンバイナリーの立場をとっている。一九九〇年代、プレシアドはニューヨークのニュースクール大学で哲学やジェンダー理論に関する研究をおこない、ジャック・デリダやアグネス・ヘラーの指導も受けた。プリンストン大学に提出された博士論文では、雑誌「プレイボーイ」における建築の表象が男性性の消費財化という視座から分析されている。プレシアドは、パリ第八大学のダンス研究センターでの連携研究員、バルセロナ現代美術館の研究責任者、ドクメンタ14のプログラムディレクターを務めるなど多方面で活躍している。その著作では身体の新たな技術（ホルモン薬、整形手術）とその医学的使用がジェンダー理論の観点から問われ、ジェンダー体系の転覆の可能性が探究されている。

(181) Paul B. Preciado, *Manifeste contra-sexuel*, Paris, Balland, 2000 ; *Testo Junkie. Sexe, drogue et biopolitique*, Paris,

まで、プレシアドは生物学的なものと技術的なものの根本的な絡み合いから出発して、みずからの身体とジェンダーの変容、精神現象の変異、アイデンティティの可塑的な構成——それは当初「ノンバイナリー」だったベアトリスをポールになるよう導いていった——について書き、思考してきた。「エイズの危機が私たちのうちの最良の人々を殺し始めたとき、私はクィアになった。そしてホルモンが政治的問題になったとき、私はトランスジェンダー運動に参加した。この八年間、「男性に向かう女性」として自分のジェンダーを形成するために、少量のジェル状のテストステロン〔男性ホルモンの一種〕を使いながら、私は徐々に移行していった。しかし、半年前から一〇日ごとにテストステロンを注射するようにしたことで、はるかに速いスピードで変化していった。名前も「ポール」に変えた。すね毛も伸びてきたし、私の顔はポールの顔になった。政治的主体性は、言語と生体物質によってできているのだ」(182)。

二〇一七年、プレシアドは法的には「男性」になった。ただし、主観的にはみずからを男性か女性かでは認識していないため、自分は「ノンバイナリー」だと表明している。

たえず再発明されるこの作品や経歴や身体において、あらゆる二項対立は粉々に砕け散る。そこには「シスジェンダー」主体と「トランスジェンダー」主体という二項対立も含まれる。今日では「シスジェンダー」のほうがより一般的になったが、「出生時のジェンダーと身体、個人のアイデンティティが一致している人々」を指すために「シスセクシュアル（ドイツ語で

zissexuell)」[183]という用語が登場したのは二〇〇〇年代に差しかかる頃だった。そのため「シスジェンダー」の男性や女性は、出生時の性と社会的ジェンダーが一直線上に並んでいる男性や女性のことである。トランスセクシュアルというカテゴリーよりも広いトランスジェンダーという形容詞は、出生時に割り当てられた性とは異なる性自認をもつ個人を特徴づける。ラテン語でcisは「同じ側」を、transは「反対側」を指す。cis-alpinとはガリアから見て「アルプスのこちら側」を、trans-alpinとはアルプスの「向こう側」を指している[184]。

だが、実際には二つの側面があるのではなく、多数の側面、傾向、起伏、境界があるのだ。ジェンダーの多様性があり、クリトリスの多様性さえある。いずれにせよ、ひとはみずからのジェンダーを所有しているわけではない。むしろジェンダーが主体を所有しており、それは機

Grasset, 2008 ; *Un appartement sur Uranus*, *op. cit.* ; *Je suis ce monstre qui vous parle*, Paris, Grasset, 2020.

（182）Paul B. Preciado, « Trans-fem.i.nism », *Purple Magazine*, issue 24, F/W 2015, p. 1.（引用者による翻訳）

（183）この語を発明したのは、医師で社会学者のフォルクマール・ジークシュで、次の論文で用いられている。Volkmar Sigusch, *Die Transsexuellen und unser nosomorpher Blick I*, *ZfS*, vol. 4, n° 3, 1991, p. 225–256. *The Neosexual Revolution*, in *Archives of Social Behavior*, n° 27, 1998, p. 331–359.

（184）より正確に言えば、これらの形容詞はローマから見たガリアの状況を指し示している。transalpinとcis-alpinは、自分がどの視点から見るかによって、同義語にも対義語にもなりうる。〔「ガリア」はケルト人が居住していた地域に古代ローマ人が与えた呼称で、現在の北イタリアからベルギーまでに相当する。〕

械がそうするように、主体を作動させるのである。この機械はロジスティクスや生物医学や文化に関する諸規範のネットワークであり、このような規範は異性愛の秩序を全面的に攪乱する。エストロゲンとプロゲステロンを摂取することで、みずからの身体を一度も変形させなかった女性などいるだろうか。よく知られているいくつかの例にとどめるが、ピルや更年期の補充療法を通じてホルモン含有物を摂取している以上、シス女性の身体はつねにすでにトランスなのではないだろうか。それゆえ、トランスフェミニズムの主体は女性でも男性でもなく、まさに「ピルやテストステロン、バイアグラやツルバダなどの技術を利用している人々」[185]なのである。今日、「身体政治の革命が進行している。それは、こうした技術の抑圧に抵抗するすべての脆弱な身体による反乱である。ダナ・ハラウェイから着想を得たトランスフェミニズムの主体は、男性でも女性でもなく、変異するハッカーだ。ここで問われているのは、「私とは誰か」や「私のジェンダーとは何か、私の性自認とは何か」ではなく、「いかにしてそれは作動するのか」である。いかにして機能に介入することができるのか。とりわけ、いかにしてそれは別の仕方で作動しうるのだろうか」[186]。

もう一度言おう。無傷の身体は存在しない。薬理学的な人工物や人工器官に侵されていない身体など存在しないのだ。この意味で、女性の身体だけでなく、あらゆる身体が製造され、しかも切除されたものである以上、脆いものなのである。

生政治のさまざまな逸脱を告発しようとも、それでもプレシアドは生物学を憎んではいない。プレシアドにとってジェンダーの構築された特徴は、セックス〔生物学的性〕の物質性、すなわち血液や腺による後成的な経験性をけっして消し去ることはない。この物質性はジェンダーの発生の全体であり部分である。あるひとつの身体が有する物質とは何だろうか。すでにジュディス・バトラーは、『問題＝物質となる身体』(187)という著作においてこの問いを提起していた。プレシアドにとって、ジェンダーとは性器、血液、内臓、器官といった肉体の手札に含まれているものである。だからこそ、ジェンダーはたんに行為遂行的《パフォーマティヴ》なものではなく、「純粋に構築されていると同時に、完全に有機的なものなのだ。〔…〕その肉体的な可塑性が、模倣と模倣者、真理と真理の表象、指示と指示対象、自然と人工物、生殖器官とセックスの実践という区別を揺るがすのである(188)」。

(185) Paul B. Preciado, « Trans-fem.i.nism », *art. cit.*, p. 1.

(186) *Ibid.*, p. 4. この点については、次の文献も参照のこと。Gayle Salamon, *Assuming a Body : Transgender and Rhetorics of Materiality*, New York, Columbia University Press, 2010.〔ゲイル・サラモン『身体を引き受ける——トランスジェンダーと物質性《マテリアリティ》のレトリック』藤高和輝訳、以文社、二〇一九年〕

(187) Judith Butler, *Ces corps qui comptent. De la matérialité et des limites discursives du « sexe »*, trad. de Charlotte Nordmann, Paris, Éditions Amsterdam, 2018.〔ジュディス・バトラー『問題＝物質《マター》となる身体——「セックス」の言説的境界について』佐藤嘉幸監訳、竹村和子・越智博美訳、以文社、二〇二一年〕

セックスとはまさしく、身体の象徴的次元と物質的次元のあいだに循環関係を成り立たせる交換器なのだ。一方で「セックスとは技術である」[189]。しかし他方で「特定の器官」や「特定の解剖学的な反応」がないわけではない[190]。一方で、ジェンダーはセックスの製造所である。しかし他方で、セックスはジェンダーに影響を及ぼし、ジェンダーに化学的信号を送り、ジェンダーを衝き動かす。つまり、身体の感覚組織が消滅することはけっしてないのである。自分の新たな声――「男性的な」声――について、プレシアドは次のように明言する。「親愛なる学派の構成員のみなさま、本日、私は作られていながらも生物学的で、奇妙でありながらも完全に私のものであるほかならぬこの声で、あなた方に語りかけています[191]」。

「学派の構成員」とは誰のことだろうか。『あなた方に語りかける私は怪物』は、二〇一七年に「女性と精神分析」というテーマで集まった三五〇〇人のフランスの精神分析家の前でおこなわれた講演のテクストである。トランスフェミニストの闘いは、おそらく分析家たちにとっては奇妙なものだったであろう。プレシアドは次のように述べている「私の言葉は、講演をおこなった国際会議場に地震を引き起こした。同性愛者やトランス、ノンバイナリーなジェンダーの分析家が会場にいるかどうかを尋ねたとき、重苦しい沈黙が垂れ込め、苛立ったような笑いがいくつか漏れ出てきた。セックスやジェンダーに関する認識が変化している現状に直面して、精神分析の諸制度にその責任を引き受けていただきたいと私が求めたとき、会場の半数が笑い、残りは喚き立てるか、私にその場を立ち去るよう迫った」[192]。

性的差異にはいわば還元不可能な特徴があるという主張を振りかざした聴衆たちもいた。プレシアドの返答はこうだった。「精神分析における心的装置の構造を説明するにあたって、性的差異は決定的なものではないなどと私に言わないでほしい。フロイトの体系全体は、家父長的な男性性と異性愛の男性性身体――それは勃起し、挿入し、射精するペニスをもった身体として理解されている――という立場から考えられている。それゆえ精神分析における「女性」、すなわち（しばしば）再生産のための子宮とクリトリスをもつこの奇妙な動物は、つねにいまだに問題なのである。だからこそ二〇一九年になってもまだ、あなた方は「精神分析における女性」について論じる特別会議を必要としているのだ」[193]。

これは驚くべき円環である。地球を一周するのに、精神と身体を一通り検討するのに五〇年

（188） Paul B. Preciado, *Manifeste contra-sexuel*, *op. cit.*, p. 16.
（189） *Ibid.*, p. 12.
（190） *Ibid.*, p. 14.
（191） *Ibid.*, p. 39.
（192） Paul B. Preciado, *Je suis un monstre qui vous parle*, *op. cit.*, p. 11.
（193） *Ibid.*, p. 80.

もかかったことになるだろう。女性のセクシュアリティに関する会議でのドルトの言説から、女性と精神分析に関する会議でのトランスジェンダーの発言に至るまでのあいだに、すべてが変わるとともに、何も変わらなかったのである。

13　「我が外陰部、我が大いなる外陰部」（ニンフ4　ニンフォマニアック）

ラース・フォン・トリアーの映画『ニンフォマニアック』はよい反応を得られなかった。[194] ショッキングで不必要に挑発的、さらには流血シーンも多いと判断されたことから表現を和らげる必要があり、現在流通しているバージョンはオリジナルとは異なっている。本作は『ニンフォマニアックI』と『ニンフォマニアックII』の二部構成である。主人公のジョーという女性は(ジミ・ヘンドリックスの楽曲「ヘイ・ジョー」[195]へのオマージュが捧げられている)、セリグマンという男性に対して、いくつもの「章」に分けて自分の来歴を物語る。映画全体が二人の会話のフラッシュバックという形式を採っている。

植物学者の父と非常に親密な関係にあった若き日のジョーは、自分の処女を奪ってほしいと隣人のジェロームに頼み込み、自分がニンフォマニアであることをすぐさま自覚する。ほとんどの場合、同時に何人もの恋人と遊ぶジョーは(ユマ・サーマン演じる裏切られた妻が幼い二人の息子を連れて来て、自分を嘲弄するジョーの元へと去ってしまった夫に対して絶望を叫ぶシーンについて細かく時間を割きたいところだ)、数年後に偶然ジェロームと再会し、結婚す

(194) Lars von Trier, *Nymphomaniac I et II*, 2013.〔ラース・フォン・トリアー『ニンフォマニアック』Vol. 1&Vol. 2〕
(195)〔訳註〕「ヘイ・ジョー」はアメリカのポピュラーソングで、ジミ・ヘンドリックスによる演奏で一九六〇年代にロックの定番曲となった。不貞行為に及んでいた妻を銃で撃った後、メキシコへ逃げようと計画している男について歌っている。

る。結婚当初は幸せな日々が続き、ジェロームとの性生活は完璧だった。だが、ジョーは突然快楽を得られなくなり、「もう何も感じない」と言う。「一瞬で、いかなる性的な感覚も失ってしまい、私の性器はただ痺れただけだった（my cunt simply went numb）」と彼女はセリグマンに語るのである。

ジョーとジェロームのあいだにはマルセルという子供がいたが、彼女は帝王切開で出産した際に嫌悪感を抱いてしまい、もとよりこの子供から目を背けていた。ジョーは快楽を取り戻すために、ジェロームの同意を得て、ふたたび見知らぬ男性とのエロティックな経験を何度も重ねていく（だからこそ、黒人男性二人とのシーンはあまりにショッキングだった）。しかし彼女がエクスタシーを取り戻すのは、もっぱら名前も知らない男性や、叩いてもらうために女性がお金を支払う奇怪な玄人男性とでしかない。そのような男性は、彼女たちとプレイ以外で肉体関係をもつことをいっさい拒否し、相手の女性にあだ名をつけることで、けっして互いの素性を明かすことはない。ジョーがつけられたあだ名は「フィド〔犬の名前〕」である。ソファの肘掛けの上で半分に身体を折り曲げられたまま、頭を下にして縛られ、鞭と結び目のある縄の打撃によって、唯一裸にされた彼女のお尻の肉が引き裂かれているのが見える。彼女に強烈な快楽が戻ってくる。だがジェロームとの関係は続かない。二人は別れ、マルセルは公的施設に預けられる。

それからジョーは自分で生計を立てなければならなくなるが、会社の女性マネージャーにセラピーを受けるよう強いられる。というのも、彼女のセックスに対する強迫観念が仕事に差し障るようになっていたからだ（彼女は今度は会社の同僚とさまざまな経験を重ねていた）。彼女は匿名のアルコール中毒者たちをモデルにしたグループセッションに参加し始めるが、それぞれの「患者」（不思議なことに女性しかいない）はどのような発言も「私は……の依存症です」から始めなければならない。そのためジョーは規則に従い、「私はセックス依存症です（I am a sex addict）」と明言することになる。彼女はむしろ「私はニンフォマニアです（I am a nymphomaniac）」と言いたいだろうが、そうすることはセラピストによって禁じられている。セックス依存症とニンフォマニアの差異は正当化されず、たんに強要されている。はたしてセックス依存症という表現の方が正しいのだろうか。セックス依存というこの新たな概念の強要について注意深く検討してみる必要があるだろう。この概念はニンフォマニアに何を付け足し、何を差し引いているのだろうか。ヘロインに依存するように、本当にひとはセックスに依存しうるのだろうか。いずれにせよ、私もジョーと同様に、この言葉は馬鹿げていると思う。

ジョーははじめ、この新たなポリティカル・コレクトネス用語による支配を受け入れていた。しかし、すぐさまセラピストに反発し、他のメンバーに対して軽蔑的な言葉を叫びながらグループをやめてしまう。そして、ふたたび声を大にしてニンフォマニアとしての自分を受け入れるのだ。

その後、彼女はマフィア組織から連絡を受ける。組織は彼女のSMの才能といわゆる道徳上の逸脱行為を知っており、債務者たちに強制的に金を支払わせる仕事を彼女に任せる。二人の手下を従えた彼女の任務は、債務者たちに極秘の妄想を告白させ、彼らを肉体的にも精神的にも責め苛むことである。つづいて、「ボス」はPという十代の少女を調査し、彼女が同じ仕事に適しているかどうかをテストするようジョーに依頼する。ジョーはこの年端もいかない少女とエロティックな関係をもつようになる。

他方で、ジェロームがマフィア「一味」の債務者の一人であることが明らかになる。Pは彼に妄想を告白させ、金を支払わせる役に選ばれるが、彼との恋に落ちてしまい、ジョーが絶望するなか束の間の関係を築く。

父親以外に一度も愛を経験したことがないと言うジョーだが、実際にはジェロームとPを愛していると悟り、嫉妬せずにはいられなくなる。ある晩、彼女は地下道で恋人たちを待ち伏せし、ジェロームを殺そうとするが、銃が上手く作動しない。ジェロームは彼女を殴り倒し、眼の前でPと愛し合い、地面に横たわる彼女を置き去りにする。Pは地下から出る際、ジョーの身体に排尿する。この作品において、ニンフはおしっこをするのである。

このときジョーはセリグマンという男性に救出される。この同じ地下道を利用していたセリグマンは彼女を見つけて、受け入れる。ジョーは彼に自分の人生を語り、セリグマンはその話を中断してはコメントを加える。西洋文化、音楽、絵画、数学……そして、釣りや狩猟の伝統といった重要な契機にジョーの話を一様に関連づけるのである。

ジョーは自分の過去に終止符を打つ決意を彼に打ち明ける。それは彼女にとって、性的な欲望を完全に断つことを意味する。セリグマンは彼女の話に好意的に耳を傾ける。にもかかわらず、ひどく期待外れな不意をつくやり方で、彼は眠っている彼女に挿入しようとする。ただし、今度は彼女の銃は故障していなかった。

この映画は稀にみる強烈な作品であり、あまりにもひどくこき下ろした人々はこの作品を理解しなかったのだと思う。激情的で見事な――そしてシャルロット・ゲンズブールのギリギリの演技は素晴らしかった――この映画が生々しいことはたしかだ。しかし、その真理の力は、ラース・フォン・トリアーの作品においてつねにそうであるように、耐え難いものであると同時に、議論の余地のないものである。

この作品の筋立ての細部を〔読者のみなさんに〕想起してもらうことが重要だったのは、まさに、その主題が物語の枠組みにまったく収まらないからだ。地獄として描写されるセクシュアリティの説明抜きの生々しい事実と一人の女性の人生遍歴の隔たりに、この映画のすべての強度が集中している。だからこそ、ジョーの道のりはたんに物語的ではなく、何よりも形態学的なのである。通常の「……の性生活」とは異なり、『ニンフォマニアック』は幼少期から成人に至るまでの、セクシュアリティとの深刻な不一致を伴う身体形成を提示しようと試みている。五人のジョーに五人の俳優が割り当てられている。二歳までのジョーにロンヤ・リスマン、七歳までのジョーにマヤ・アルソヴィック、一〇歳までのジョーにアナンヤ・バーグ、一五歳から三〇歳までのジョーにステイシー・マーティン、そして三〇歳から四〇歳のジョーにシャルロット・ゲンズブール。五人のジョーは互いに溶け合い、眼が眩むような反響のなかで互いを想起し合うのである。

性的な不一致の形態学は快楽の突然の逃亡という謎をめぐって展開される。いまや快楽は、遠くに、暴力を通じてはるか遠くに、サドマゾヒズムさえも超えたところに求められなければならない。あまりにも遠く離れた結果、探求はある種の逆説的な聖性に到達する。セリグマンの姿はこの絶対者の絶対的な探求に対する神の目配せのようにみえる。快楽の逃亡はひとつの傷、しかもクリトリスの傷において具現化されるのだ。

四時間の上映中にクリトリスが映る機会は一度しかなく、解剖学の黒板に描かれているだけである。描かれているのはまさにクリトリスだろうか、あるいは陰唇の割れ目だろうか。はっきりとはしない。調教師の家で縛られている際に、ジョーのお尻が、背後から見られた彼女の性器がクローズアップされる場面は何度かある。一度しかないクンニリングスの場面も至近距離から撮影されている。だが、目に見える形で実際にクリトリスが唯一登場するのはまさに傷に関する場面である。ある日、ジョーはトイレでクリトリスから出血していることに気づく。「私のクリトリスは次第に高い頻度で出血するようになってしまった」。そして、Pがはじめて彼女と愛し合いたいと思ったとき、ジョーは「私には傷がある（I have a wound）」と抵抗するのだ。

なぜ出血しているのだろうか。いき過ぎた性行為はいかなる点で出血を引き起こしうるのだろうか。鞭打ちのせいか。いや、その姿勢からして、ほぼありえない話だ。むしろ、あきらかに象徴的な傷が問題になっているのである。それは衝迫の不感帯だ。まるでクリトリスが痛々しい姿で触れてはならないものであり続けているかのようである。聖なるものと呪われたものであり続けているかのようだ。けっして十分には満たされることのない貪欲なヴァギナの犠牲者――レストランのなかで、ジョーはジェロームの求めに応じて、一〇本のデザートスプーンをヴァギナに挿入する――たるクリトリスはその謎の血に浸っているのである。

この映画の精髄はニンフォマニアを快楽の不在と傷に結びつけた点にある。セクシュアリティとは肉体的、社会的、道徳的、精神的な暴力の経験だ。それは孤独、分裂、放棄、切断、分離の経験である。ただ暴力だけが享楽を与えてくれるのだ。

セリグマンはジョーを、フライフィッシングに用いられるニンフになぞらえる。ニンフとは、球体と鉛線の本体からなる擬餌のことであり、この餌は針を隠すように馬などの毛で覆われている。ジョーという若い娘はニンフであり、美しい妖婦《セイレーン》だが、クリトリスの代わりに小さな錘が自分の身体のうちに隠されていることを知らない。

『ニンフォマニアック』において、ニンフはミューズではなく、理想でもイメージでもなく、快楽の死を抱えた身体の苦悩なのである。ラース・フォン・トリアーはジェンダーを犠牲にすることでセックスを特権視していると言われてきた。私にはこの批判が適切だとは思えない(ジョーとはノンバイナリーな名ではないだろうか)。ラース・フォン・トリアーはそのすべての映画において、女性と女性的なものの差異という縁で立ち止まっている。それは傷ついた差異であり、この差異を担う器官〔クリトリス〕は否定的な状態でしか、あるいは透明な状態でしか見られないのである。[196]

私からひとつ留保を付けるとすれば、快楽の責め苦に対する解決策として徹底的な禁欲を選んだ点であろう。いや、フォン・トリアーはおそらく、抹消された快楽に対してはさらに快楽を抹消する以外に解決策はないと考えていたのである。

(196)〔訳註〕ここで「否定的な状態、あるいは透明な状態」と訳したフランス語 « en négatif ou en transparence » は映画用語で「陰画《ネガ》でしか、あるいは特撮合成でしか」とも解釈できる。特撮合成とは、演技する俳優の背面に透過式スクリーンを用意し、風景を写して人物と合成し撮影する手法のこと。

14　現実の脱自帯

フェミニズムにとっての女性的なものとは、ラベンダーにとっての紫色である。(197)

『差異の変換──女性的なものと哲学の問い[198]』において、私は女性哲学者としてのみずからの経験、思考の遍歴、テクスト実践について語り、分析をおこなった。

私は、強い精神的な規律を伴うサークル──哲学はその一例にすぎない──に参入することが、その参加者のセクシュアリティやジェンダーに与えうる影響を描き出すことに専心していた。この経験は、特異なものであるにもかかわらず、あるいはおそらく特異なものであるからこそ、何かを明らかにしうるものだと考えてきたし、いまもそう考えている。哲学することと「脱ジェンダー化すること」が対になっていると信じられなくなるときが来た。イリガライによって、私は「語ることはけっして中性ではない[199]」という明白な事実に屈したのだ。私は、哲学的主体が自称するアセクシュアリティのうちに逃げることをやめなければならなかった。アセクシュアリティというこの論法は多くの場合、女性たちによって主張された。それは彼女た

(197) アリス・ウォーカーの一節の自由な翻訳。「フェミニズムにとっての女性主義とは、ラベンダーにとっての紫色である」。(Alice Walker, *In Search of Our Mothers' Gardens : Womanist Prose*, Londres, Hachette UK, 1983.)

(198) Catherine Malabou, *Changer de différence. Le féminin et la question philosophique*, Paris, Galilée, 2007.

(199) 「女性的な思考はロゴスが中性であるという立場を取りがちである。真なるものと正しいものを示すことが問題となるときから、男性であるか女性であるかは関係なくなるという観念が、女性の精神においては好まれる。それゆえ、こうした観念が男性よりも女性によって頻繁に表明されているのは偶然ではない」。(Luisa Muraro « Le penseur neutre était une femme », *Langages*, n° 85, 1987, p. 35)

ちが伝統的な哲学言説というカテゴリー上のテストステロン濃縮物のなかで生き抜くためだったのである。

現在の私の関心は、テクストのうちにあるファロス中心主義を追跡することよりも、哲学を身体的に形成する力の探究に向かっている。一般に信じられていることとは反対に、また私が別のところで思考とそれとは異なる器官——脳——の関係について示そうとしたように、哲学は身体を形づくるのである。哲学はただ整形外科的な目的によってのみ身体に働きかけるわけではない。哲学はただの調教でしかないわけではない。哲学はまた、エロティックなものを彫り込みもするのだ。このエロティックなものによって、精神のエネルギーとリビドーのエネルギーが新たに接続されるようになる。私が論じているのは、観念や隠喩としてのセクシュアリティではなく、言説がセクシュアリティに及ぼす効果なのである。

哲学に入り込むことと私の身体に入り込むことは、最終的にひとつの同じ経験として混ざり合う。このように述べることができるとすれば、あきらかに、思考することを始めて以来、私はもはや同じ身体をもっていない。むしろそれ以来、私は複数の身体をもっているのである。それゆえ、こう言わなければならないのだろう。「哲学に入り込むことと私の複数の身体に入り込むことは最終的に混ざり合う」。私の欲望を流動化させ、パートナーたち——現実のパートナーのみならず、潜在的、論理上、テクスト上のパートナーたち——と私の「性的関係」を豊かにするための努力は私の性器を形成し、昇華とはまったく関係のない前代未聞の仕方で性器を振動させ、痙攣させ、実存させもしたのである。

私の精神がノンバイナリーで、私の身体がクリトリス的である状態など存在しない。知性上のノンバイナリーは脱性化とは反対のものだ。同様に、クリトリス的リビドーは知性から切り離されてはいない。私のクリトリスは私の脳と注意深く同期しており、導火線は私の身体の端から端まで張り巡らされている。奇妙なことに、この導火線によって私は自分を性的に「アイデンティファイする」ことができるかと挑発され、そのために用いることのできるカテゴリーはますます穴だらけになるのだ。

以前、若かったころの私はかなり伝統的なジェンダー規範に沿いながら、同時にその規範に加わることにつねに失敗していた。私にとって哲学とは、この失敗のよき結果だったし――いまもあいかわらずそうである。哲学は私自身の女性性に疑いの目を向けることを教えてくれた。この疑いによって、私は自分のジェンダーを複数化できるようになり、すなわち、自分の女性性に対する新たな疑いをもてるようになった。すでに私のクリトリスはセックスとジェンダー、つまり解剖学的および社会的な二重の実存をもっていたが、哲学はトランスジェンダー的なクリトリスの政治的実存をさらに付け加えてくれたのである。

女性的なものとは、こうした状況を特徴づけるのにもっとも不向きではないように思われる用語である。それは性的差異の外、異性愛規範の外にある女性的なものだ。つまり、主体化という女性的なものである。トランスフェミニズムとは反対に、「フェミニズム」という語が脱自己同一化のプロセスではなく、むしろアイデンティティ・ポリティクスに結びついていると疑われているが、私はこうした批判を共有してはいない。ジャック・ランシエールがいみじくも述べているように、「あらゆる主体化は脱自己同一化であり、ある場所の自然性からの離脱であり、誰であれ数え上げられるような主体空間の開けである。というのも、この空間は数えられないものを数える空間であるからだ(200)」。「政治における「女性」とは、承認された分け前と[…]分け前の不在のあいだの隔たりを測る、経験主体——脱自然化され、脱女性化された主体である(201)」。

これは理解したり言葉にしたりすることの難しい事象であるが、くり返せば、女性と女性的なものは互いに完全に同化しえないということだ。女性に対する女性的なものの過剰、ジェンダーそのものに対するジェンダーの可塑性の過剰、これこそクリトリスが感知させるものなのである。クリトリスと女性的なものは、両者が破壊されえない幽霊のように抹消や切除を生き延び、加えられてきた暴力を生き延びるという点で結託している。クリトリスと女性的なものは空虚だが開けた場所をしるしづけるのである。

この場所をめぐって、数々のフェミニズムは互いを理解し合うとまではいかなくとも、互いに耳を傾けることができるとさえ私は信じている。その三つの例を挙げてみよう。

イタリアの急進的なフェミニストであり、有名な『キャリバンと魔女――女性、身体、本源的蓄積[202]』の著者であるシルヴィア・フェデリーチは、最新作『身体の境界を越えて[203]』において、女性的なものの問いを覆い隠したとしてジェンダー理論とトランスフェミニズムを告発したことを手厳しく批判された。私はフェデリーチの立場を擁護するわけではないが、彼女のフラストレーションと苦しみは理解できると思う。フェデリーチは、世界中で起きている女性に対する暴力を喚起しつつ、次のように主張する。「もし政治的‐分析的カテゴリーとしての「女性」を棚上げにするとしたら、そのときフェミニズムは消滅するだろう[204]」。たしかに、抑圧の経験

（200）Jacques Rancière, *La Mésentente, Politique et philosophie*, Paris, Galilée, 1995, p. 60.〔ジャック・ランシエール『不和あるいは了解なき了解――政治の哲学は可能か』松葉祥一・大森秀臣・藤江成夫訳、インスクリプト、二〇〇五年、七一頁〕

（201）*Ibid.*〔同前、七一頁〕

（202）Silvia Federici, *Caliban et la sorcière. Femme, corps et accumulation primitive*, trad. par le collectif Seronevo, revue par Julien Guazzini, Genève, Entremondes, 2017.〔シルヴィア・フェデリーチ『キャリバンと魔女――資本主義に抗する女性の身体』小田原琳・後藤あゆみ訳、以文社、二〇一七年〕

（203）Silvia Federici, *Par-delà les frontières du corps. Repenser, refaire et revendiquer le corps dans le capitalisme tardif*, trad. de Léa Nicolas-Teboul, Paris, Divergences, 2020.

を普遍化する傾向にあるこの宣言に異論の余地はありうる。(205) しかし、マラ・マンタナロが見事な書評で強調しているように、実のところフェデリーチの主張において重要なのは女性よりも女性的なものなのである。マンタナロはこう書いている。「女性の身体は〔…〕物質的・象徴的な諸力が交差する場であり、解剖学的な運命ではない。フェミニストの反乱運動のいっさいの争点は〔…〕女性性を脱自然化すること、つまり、女性のあるべき姿、女性のなすべき行為を脱自然化することにあった」。(206) まさに女性的なものは、もう一度言えば、女性の脱自然化の後に到来するものと定義づけられうる。女性的なものが憑依した状態は還元されえないままであり続け、これを抹消しようとする身ぶりの暴力によって女性的なものはただちに幻影肢と化す。切断されたクリトリスのように。それゆえ、クリトリスの否定は苦痛を与えるのだ。私がフェデリーチと共有しているのは女性的なものを切除されたフェミニズムに対する懐疑である。

フェデリーチの議論の弱点は、ジェンダー理論やトランスフェミニズムがこうした懐疑と無関係で、女性的なものの亡霊的な執拗さを一蹴していると考えているところにある。

二つ目の声を聞いてみよう。『あなた方に語りかける私は怪物』において、プレシアドはこう書いている。「私は女であることをやめる決心をした。なぜ、女性性を放棄することがフェミニズムの根本的な戦略になりえないのだろうか」。(207) 一見すると、この表明はフェデリーチのものとは反対だ。しかし、ここでプレシアドが語っているのは女性であって女性的なものではない。暇を出すことと喪に服すことは同じではない。ポールが放棄したのは女性性であり、おそらく女性的なものではないのだろう。というのも、彼のすべての著作は自分への喪の刻印を帯びているからである。彼はこう述べている。「医学や精神医学が信用し推奨していることとは反対に、私はただひたすらポールになるために、ベアトリスであることを完全にやめた。私の生きた身体——私の無意識や私の意識とは言うまい——、恒常的に変異し、多数多様な発展を遂げつついっさいを包含する私の生きた身体は、ギリシアの都市のようである。この都市には、現在のトランスとしての建造物、〔少し前の〕ポストモダン時代のレズビアンとしての建築、〔それよりも前の〕アールデコの美麗な住宅、さらには田舎風の古びた建物がさまざまなレベルのエネルギーで共存しており、それらの土台の下には古代の動物や植物の残骸が残存し、たい

(204) *Ibid.*, p. 25.

(205) Mara Mantanaro, « Corps résistants et puissants chez Silvia Federici. Une stratégie d'insurrection féministe. À propos de Par-delà les frontières du corps. Repenser, refaire et revendiquer le corps dans le capitalisme tardif, de Silvia Federici », *Contretemps, revue de critique communiste*, 18 juin 2020. Elsa Dorlin, « Vers une épistémologie des résistances », in *Sexe, race, classe. Pour une épistémologie de la domination*, Elsa Dorlin (dir.), Paris, PUF, 2009 も参照されたい。

(206) *Ibid.*, p. 4.

(207) Paul B. Preciado, *Je suis un monstre qui vous parle*, *op. cit.*, p. 27.

ていの場合には目に見えない無機質で化学的な基礎が残存している。過去の人生が私の記憶のなかに残したさまざまな痕跡は、生き生きとした力の堆積を形成しつつ、ますます複雑で関連し合ったものとなった[208]［…］」。残存するものはつねに生き生きとしている。女性的なものはあきらかに、身体のこの図書館のひとつの棚全体を占めている……。

女性的なものとのこうした困難な関係についての実にめざましい三つ目の省察は、アメリカのトランスジェンダー理論家で大学教員であるジャック・ハルバースタムのものだ。ハルバースタムは、FTM（Female-to-Male）〔出生時の性別が女性で性自認が男性〕のトランスジェンダーに対する一部のレズビアンの恨みを分析している。レズビアンたちによれば、FTMの人々は女性であることをやめることによって女性的なものを「裏切っている」。「レズビアンには、対岸に合流し敵に寝返ったFTMの人々を女性運動に対する裏切者であるかのようにみなしている者もいるように思える。FTMの人々には、レズビアンのフェミニズムを自分たちとその男性性を悪魔に変える言説とみなしている者もいる。「タチ〔レズビアンの男役〕」には、FTMの人々を「解剖学を過信している」タチとみなしている者もおり、FTMには、タチとは転換を恐れるFTMだと考えている者もいる[209]」。

この注目すべきテクストが示しているところでは、あるジェンダーの「放棄」は非異性愛的な環境においてもかなりの摩擦を引き起こす問いであり、この問いはクィアとトランスジェンダーの境界をめぐる闘いを引き起こすに至る。以前のテクストで、ハルバースタムは次のような素朴な問いを提起していた。「ジェンダーが変わる時代において、またジェンダーが社会的に構築されたものであることを私たちがすでに認めたにもかかわらず、なぜトランスセクシュアリティがかくも重要な現象となっているのだろうか（why, in this age of gender transitivity, when we have agreed that gender is a social construct, is transsexuality a wide-scale phenomenon）」[210]。トランスセクシュアリティはある種の解剖学的な再肯定を含意しているのだろうか。それはセックスによるジェンダーの再自然化なのか。ハルバースタムはさらにこう述べている。「私自身も暗黙裡に、トランスジェンダーと自己同定するひとよりも、手術を受けていないトランスのひと（nonoperated upon transgender-identified person）が好ましいと考えていた」[211]。この考察が私にとってとくに興味深いのは、手術による転換の場合にまさに何が放棄されるのかを勇気をもって問い質しているからである。つまり、何が消滅するのか、女性的なもののうちで何が残るのかを問い質している

（208）*Ibid.*, p. 47–48.
（209）Judith/Jack Halberstam, « Transgender Butch, Butch/FTM Border Wars and the Masculine Continuum », GLQ: *A Journal of Lesbian and Gay Studies*, vol. 4, n° 2, Duke University Press, 1998, p. 287.
（210）*Ibid.*, p. 289.
（211）*Ibid.*

のだ。(212)

「男性的なもの」に関しても同じ問いが立てられると言われるかもしれない。しかし、それはまったく正しくない。男性性《マスキュリニテ》がかならずしも男らしさ《ヴィリリテ》と一致せず、男性であるという解剖学的な事実と一致しないということに異論の余地はない。しかし、多くの研究や分析、芸術などの表象がそのような解剖学や男らしさ、男性性一般の論理に与してきた。そうである以上、いくつかの紋切り型《クリシェ》に還元されてしまう女性の解剖学や表象や図式に対するアプローチと男性のそれらで釣り合いが取れていると結論づけることはできないだろう。あきらかに、目に見える不釣り合いがあるのだ。それゆえ亡霊を、つまりは女性的なものの現実をつねに回帰させる必要性がある。

それでは、これらの問いについて、哲学者という経験はいかなる点で非哲学者にとって意味をもちうるのだろうか。哲学者という経験はあらゆる告白、加入儀礼やトラウマや転換のあらゆる物語と比較しうるものである。この物語全体において「私」は、他の人と比べて、それ以上に私自身であるというわけではない。このことに関しては、誰にも選択の余地はない。生物学的な身体はけっして唯一のものでも自己充足するものでもない。身体は、言説や規範、表象によって作り上げられた元来の衣の彼方（ボーヴォワールが語る「超越」）へとつねに抜け出すのだ。身体とはつねに、解剖学的な現実と象徴的な投影のあいだの転移、循環、テレパシーの装置なのである。もし身体が解剖学的な所与でしかないとすれば、身体はみずからの傷を生き延びることはないだろう。身体はつねに世界にとどまる必要がある。そして、このような適応の作業に必要なのは自己からの脱出であり、生物学的なものと象徴的なもの、身体と世界の肉のあいだでプラットフォームを組み立てることである。象徴的なものは物質の墓場ではなく、物質の位置をふたたび定めることなのだ。哲学は私自身に対する私のプラットフォームである。哲学はふたたび自己同一化をもたらす脱自己同一化の一例にすぎない。ほかにも例は山ほどあるだろう。

私にとって、哲学のファロス中心主義を耐え忍ぶ唯一の方法は、哲学のノンバイナリー性を肯定することである。しかし、くり返しになるが、それは哲学の中性性を結論づけることではない。ノンバイナリー性は哲学が脱構築可能であるという特徴を示している。体系的な概念の建造物の脱構築は、デリダが「不完全な隅石」[213]と呼んだ場所をかならず経由する。実のところ、

（212）ハルバースタムは次のように結論づけている。「規範外の男性性や女性性というしるしのもとで、アウトローなジェンダーのさまざまな身体（gender-outlaw bodies）が存在している。なすべきことは、誰がもっともよく抵抗を具現化しているかを決めることではなく、それらの弁別的特徴についての研究に着手することだ」。（*ibid.*, p. 292）

（213）Jacques Derrida, *Mémoires, pour Paul de Man*, Paris, Galilee, 1998, p. 82 *sq.*〔この論点に関するマラブーの考察

この「石」が、テクストが有する別のセックスや別のジェンダーの現前をしるしづけているのであり、このようなセックスやジェンダーだけがテクストを読解可能にしているのだ。つまり、ロゴスのクリトリス帯の現前がしるしづけられるのである。

テクストのクリトリスがしるしづけているのは、哲学者たちが快楽を感じ、みずからの解剖学的な性や社会的ジェンダーと同一化するのをやめる場所である。この場所はつねに直接見えるわけではない。もちろん、定型の模範的解釈はこの場所を抹消しようとするが、成功することはない。西洋のロゴスという枠組みを揺さぶることで、異質な身体へと、目録にない享楽の形へとロゴスをつねにわずかに開く、そんな一連の形態がテクストとそれ自体との隔たりに宿ってくるのである。

とはいえ、私は哲学的な本質主義をつくり上げたいわけではない。もう一度言えば、生物学的なものと象徴的なものを結びつけるプラットフォームは数え切れないほどである。現実の全体は身体の象徴的投影に適しており、クリトリス帯と脱自帯によって点々と彩られている。これらの帯域は、その概念の向きがかなり変わっていれば、フロイトの性感帯に類似しているかもしれない。

現実の脱自帯〔les zones d'extase du réel〕とはいったい何を言い表しているのだろうか。

この問いによって、クリトリスについてのいくつかの要求、私からすればいまだあまりにファロス的な要求に対する不快感を表明することができる。「力強いペニスと勃起したクリトリスの彼方で、いかにして主体になり、いかにして主体としてみずからを示すのか」。これは『留め具』誌のある号のタイトルである。(214) 特集の内容説明で編者の女性たちは、クリトリスがいまだにしばしば力と同一視されていると指摘していた。彼女たちは次のように問いかけている。「主体になることは、男性的な支配の論理が推し進めるような「力」を必然的に含むのだろうか。みずからを社会的主体として示すために、はたして男性性は、従わなければならない唯一のモデルなのだろうか。力がみなぎり、支配的で、勃起していないと「快楽」は存在しないのだろうか〔…〕。力関係の〔…〕外でクリトリスを表象することはできないのだろうか（ティフェヌ・デーが「ドックにて」で述べているように、(215) クリトリスがただ快楽にのみ捧げられ、最大限の神経終末を備えた人間の唯一の身体器官である以上、クリトリスはペニスよりはるか

について は、「読解――不完全な隅石、あるいは再び閉じた傷」（『真ん中の部屋――ヘーゲルから脳科学まで』西山雄二・星野太・吉松覚訳、月曜社、二〇二一年）を参照されたい。〕

(214) *Point[s] d'accroche*, revue numérique. Argumentaire mis en ligne par Céline Guilleux le 29 avril 2015.

(215) 〔訳註〕「ドックにて」はフランスのラジオ局「フランス・キュルチュール」のドキュメンタリー番組。言及されている俳優ティフェヌ・デーの発言はおそらく、二〇一五年二月一一日の放送「対象としての女性、自己解放する女性」でのものと思われる。

に「強力」である)[216]」。

プレシアドもまた、場合によっては、力と成功に関するある種の言説を回避しない。『天王星《ウラヌス》のアパート』を読んでいるとき、私は次のような隠喩を見つけて驚いてしまった。「私たちはサンフランシスコ湾を、太平洋沿いを車で進む。アニー・スプリンクルは慎重にハンドルを握り、私はアニーの飼い犬ブッチ〔レズビアンのタチの意〕と助手席に座っている。［…］アニー・スプリンクルによれば、サンフランシスコは「アメリカのクリトリス」であり、この国のもっとも小さくもっとも強力な器官なのだ。極度に電化された一二一平方キロメートルから、世界中と接続されたシリコンのネットワークが伸びている。かつてはゴールドラッシュがあったが、いまではサイバネティクスラッシュが起こっている。セックスと技術。太陽とドル。アクティヴィズムとネオリベラリズム。イノベーションとコントロール。グーグル、アドビ、シスコ、イーベイ、フェイスブック、テスラ、ツイッター……一二一平方キロメートルに、アメリカの資本-リスクの三分の一が集中している[217]」。

超強力なものとしてのクリトリスという見方と、屹立したファロスという古典的な見方を分けるものが何なのか、私にはもはやよくわからない。

この「アメリカのクリトリス」が私に思い出させるのは、ロラン・バルトによる写真のストゥディウムとプンクトゥムという有名な区分である。バルトは次のように述べる。「ストゥディウムは写真の主題を私に知らせ、私が写真家の「意図と出会い」、それと調和し、それに賛同したり反対したりするようにさせるが、しかし、つねにその意図を理解させる(218)［…］」。ストゥディウムは、「漠然とした、当たり障りのない、ある種の関心(219)」を呼び起こす。しかし突如として、何かが「ストゥディウムを破壊しに（あるいは分割しに）やって来る。今度は［意図

（216）編者たちは次のような別の問いも提起している。「政治、経済、文化の世界で強調される「力強い」女性というステレオタイプは本当に解放の実例となっているのだろうか。それは、支配された女性という実例の裏面ではないのだろうか。母と娼婦が同じ顔――遠ざけられる、恐るべき女性的なものという顔――の二つの側面であるのと同様に」。また編者たちは次のようにも述べている。「二〇〇八年には、「男性の華――男性なき男性性？」という特集を組んだ『カイエ・デュ・ジェンダー』において、マリ・エレーヌ／サム・ブルシエとパスカル・モリニエが次のような問いを立てている。「男性性は女性の未来なのだろうか」。「男性性」という語によって、彼女たちは「エンパワメントと快楽の源泉」を指し示し、「積極的に備給されたこの源泉は、女性とされる諸個人にとって、階級やジェンダー、人種、セックスに関するアイデンティティの変形可能性の一形態である」と主張している」。

（217）Paul B. Preciado, *Un appartement sur Uranus, op. cit.*, p. 264–265.

（218）Roland Barthes, *La Chambre claire. Note sur la photographie*, Paris, Cahiers du Cinéma/Gallimard/Seuil, 1980, p. 50–51.〔ロラン・バルト『明るい部屋――写真についての覚書』花輪光訳、みすず書房、一九九七年、四一頁〕

（219）*Ibid.*〔同前、四〇頁〕

を〕探しに行くのは私ではなく、〔…〕向こうの方が〔写真の〕場面から矢のように発して、私を貫きにやって来る。〔…〕したがって、私はそれをプンクトゥムと呼ぶことにする〔…〕ある写真のプンクトゥムとは、その写真のうちで私を突き刺す（また私を傷つけ、私の胸を締め付ける）偶然なのだ」[220]。力の集中として定義された「アメリカのクリトリス」はプンクトゥムに似ている。アメリカの身体がストゥディウムだとしたら、クリトリスであるカリフォルニアは国土の広大な空間——ただ興味深いだけで、「平均的な情動」[221]しかない広大な空間——を貫き、突き刺し、突き抜ける矢なのだろう。

私にとって、クリトリスを思考すること、いやむしろ、クリトリスが思考するがままにさせることとは、まさにストゥディウム－プンクトゥムという二元論を脱することである。この二元論は受動性と能動性という二項対立へと、その破滅的な結果へとふたたび通じている。この二元論が含意する男らしさの論理にしたがってしまったり、ふたたび目覚めたヴァギナ的なものとクリトリス的なもの〔の対立〕へとまたもや導かれてしまったりするのである。

クリトリスの快楽は突き刺す行為や挿入の結果ではなく、短刀でえぐるような痛みの結果でもない。このことが意味しているのは、もし現実の脱自帯が意味を産み出す地帯でもあるならば、意味〔sens〕は、この語のあらゆる意味において[222]、突き出ることなく現れるということだ。快楽はストゥディウムとプンクトゥムのあいだに、両者の隔たりのなかにある。快楽はストゥディウムでもプンクトゥムでもない。クリトリス――女性的なものとしてのクリトリス――は権力に対する関係であるが、権力をもった関係ではない。いずれにせよ、こうした形で私のクリトリスは思考する。

クリトリスとはアナーキストなのである。

(220) *Ibid.*, p. 48–49.〔同前、三八―三九頁〕
(221) *Ibid.*, p. 48.〔同前、三八頁〕
(222)〔訳註〕フランス語の sens は多義的な語で、「意味」のほかにも、「感覚」「官能、性欲」「方向」「動向」といった意味がある。

15　クリトリス、アナーキー、女性的なもの

ギリシア語のアナルキア（an-arkhia）は、文字通りには原理（アルケー）の不在、つまりは命令の不在を表している。命令がないということは、始まりがないということでもある。アルケーは、権力の次元においても、時系列の次元においても、最初に到来するものに特権を与えることで、現世の秩序を規定する。それゆえ、アナーキーとは階層秩序も起源もないことを意味する。アナーキーは従属関係と〔特権的な起源からの〕派生を問いに付すのだ。

何世紀にもわたって、「アナーキー」は無秩序とカオスだけを指し示してきた。アリストテレスはこの語を指揮官のいない軍隊の状況だと定義した[223]。突如として散り散りになった軍隊は、自分たちがどこから来て、どこへ向かっていくのかがもはやわからない。戦士たちはみずからの背後に目を向け、もはや指揮官のほうを見ることもなく、虚空しか目に入らないのである。

一九世紀半ばに、アナーキストたちはこうしたネガティヴな意味を反転させ、「アナーキーとは権力なき秩序だ[224]」と主張した。リーダーなき戦士たちは、自分たちだけで団結できるよう

（223）〔訳註〕指揮官と軍隊の秩序に関しては次を参照のこと。アリストテレス『形而上学（下）』出隆訳、岩波文庫、一九六一年、一六四頁（1075a13）。
（224）Pierre-Joseph Proudhon, *Les Confessions d'un révolutionnaire, pour servir à l'histoire de la révolution de février*, Paris, Hachette livre BNF, 2012.〔ピエール゠ジョゼフ・プルードン『革命家の告白——二月革命史のために』山本光久訳、作品社、二〇〇三年〕

になる必要がある。命令も始まりもない秩序はかならずしも無秩序ではなく、むしろまったく無秩序ではないとさえ言える。それは別の配列であり、支配なき構成なのだ。それは自己にしか由来せず、自己以外の何にも期待しない秩序であり、所与の秩序を欠いたさまざまな事象の秩序なのである。

クリトリスとアナーキーが共犯関係にあるのは、まずもって密航者という運命を共有しており、いずれの存在も秘められ、隠され、認められていないからだ。クリトリスの方もまた、長きにわたってトラブルメーカーとみなされ、余計で無用な器官と考えられてきた。無政府主義的な独立と、いっさいの原理や目的から解き放たれた快楽の力学によって、解剖学的、政治的、社会的秩序を軽んじるものだとされてきたのだ。クリトリスというものはみずからを統治しない。クリトリスのための主人——家父長的権威、精神分析的強要、道徳的命法、慣習の重圧、祖先伝来の重み——を見つけようとするあらゆる試みに対して、クリトリスは抵抗する。権力や潜勢力に対して無関心であるという理由から、クリトリスは支配に抵抗するのだ。

法律、王令、命令の施行、さらには忠告の適用が示しているように、潜勢力は現実化され、遂行されないかぎり何ものでもない。潜勢力はつねに現働化を待っている。行為、原理、法律、政令は、それを実行する者たちの従順さと善意に順々に依存しているのだ。現働態と潜勢力は、従属関係というもつれた生地を織り成している。だが、クリトリスはまさに潜勢力でも現働態でもない。それはヴァギナという現実性を待ちわびる未成熟で潜在的な状態ではなく、勃起やその消退というモデルにも従わない。クリトリスは命令と服従の論理を断ち切るのだ。クリトリスは指揮を執らない。まさしくその点で、クリトリスは既成概念を覆すのである。

解放のためには、権力と支配がみずからを覆す転換点を見出すことが不可欠である。自己転覆という考え方は、アナーキストの思考における決定的な考え方のひとつだ。外部から働きかけるだけでは、支配を覆すことはできない。支配の内部には亀裂が走っており、起こりうるべきその崩壊への前触れとなっている。現働態と潜勢力という対に無関心な態度を示すいかなる審級も支配体制を苛立たせ、同時にその内奥のひび割れを暴露する。クリトリスは——規範やイデオロギーの——潜勢力の内側に入り込むことで、これをたえず脅かす不具合を明らかにするのである。

クリトリス、アナーキー、女性的なものは、私にとっては分かちがたく結ばれており、抵抗それ自体が権威主義的な方向に流されてしまうことを自覚した抵抗の前線を形成している。支配を敗北させることは、私たちの時代のもっとも重要な争点のひとつである。当然ながらフェミニズムはこの争点のもっとも生き生きとした形象のひとつであり、まさしくアルケーをもたないがゆえにもっとも危険に曝された先兵なのだ。

しかし、原理を欠くとは記憶をもたないことではない。だからこそ、フェミニズムを女性的なものから切り離さないことがきわめて重要なことだと私には思われる。フェミニズムとはまずもって想起である。つまり、過去と現在における女性に対する暴力の想起であり、切除、レイプ、ハラスメント、フェミサイドの想起である。あきらかに、そして多くの点でクリトリスはこれらの記憶を託されており、女性の快楽の自律が示す耐え難さを象徴するとともに体現している。それと同時に、これまで述べてきたように、女性的なものは女性を超越し、女性を脱自然化する。そうすることで、〔権力を〕濫用する者たちの卑劣さ——その大小にかかわらず——の彼方に、支配への無関心という政治空間を映し出すのである。

女性的なものはこうした記憶と未来を結び合わせるのだ。

訳者あとがき

本書は、Catherine Malabou, *Le plaisir effacé: Clitoris et pensée*, Payot & Rivages, Paris, 2020の全訳である。

カトリーヌ・マラブーは、ドイツ・フランスの近現代哲学と脳科学の可能性を探究する哲学者で、国際哲学コレージュやパリ第一〇大学での教歴を経て、現在はイギリスのキングストン大学で教授を務めている。ジャック・デリダの指導のもとで執筆した博士論文『ヘーゲルの未来——可塑性・時間性・弁証法』（*L'Avenir de Hegel. Plasticité, temporalité, dialectique*, Vrin, 1994. 西山雄二訳、未來社、二〇〇五年）でマラブーは形の贈与と受容の運動を示す「可塑性（plasticité）」に注目したが、この概念は彼女の哲学の中心的な主題になっている。

すでに日本語訳は多数刊行されているが、脳科学と哲学の対話の試みとして、『私たちの脳をどうするか？——ニューロサイエンスとグローバル資本主義』（*Que faire de notre cerveau ?*, Bayard, 2004. 桑田光平・増田文一朗訳、春秋社、二〇〇五年）では、可塑性概念が脳生理学の成果に即して論及され、グローバル資本主義が勧奨する「柔軟性」に対して、脳の可塑性がいかなる抵抗力となるのかが示される。『新たなる傷つきし者――フロイトから神経学へ　現代の心的外傷を考える』（*Les Nouveaux Blessés. De Freud à la neurologie, penser les traumatismes contemporains*, Bayard, 2007. 平野徹訳、河出書房新社、二〇一六年）が目指しているのは、フロイト精神分析と神経学の建設的な対話で、脳と思考の新たな唯物論が示されている。

ほかにも、論集『真ん中の部屋――ヘーゲルから脳科学まで』（*La chambre du milieu : De Hegel aux neurosciences*, Hermann Éditeurs, 2009. 西山雄二・星野太・吉松覚訳、月曜社、二〇二一年）には、ヘーゲル弁証法とハイデガー存在論、ニーチェやフロイトからドゥルーズやバトラーまでの現代思想、脳科学の哲学的考察に関する一連の論考が収められている。『偶発事の存在論――破壊的可塑性についての試論』（*Ontologie de l'accident*, Léo Scheer, 2009. 鈴木智之訳、法政大学出版局、二〇二〇年）では、「破壊的可塑性」という表現が提唱され、突発的な出来事によって私たちの自己同一性が根本的な変容を被り、見知らぬ自己が現れる現象が肯定される。『明日の前に――後成説と合理性』（*Avant demain. Épigenèse et rationalité*, P.U.F., 2014. 平野徹訳、人文書院、二〇一八年）はメイヤスーの思弁的実在論に対する論争的な著作で、神経生物学の知見を踏まえて、カントの超越論的なものが擁護される。

＊

マラブーの哲学と脳科学に関する仕事は日本に紹介されてきたが、哲学と女性の問いに関する考察はまだ知られていない。本訳書を理解する上で、論集『差異の変換——女性的なものと哲学的問い』(*Changer de différence. Le féminin et la question philosophique*, Galilée, 2009. 以下CDと略記)を主に参照して、まず彼女の女性哲学者としての伝記的背景を記しておこう。

マラブーは高等師範学校の入学に向けた熾烈な選抜競争に備えるため、アンリ四世高校の準備学級に入った。準備学級では、哲学教師は難解な話題になると、「女子学生のみなさんはこの話は聞かなくてかまいません。別のことを考えておいてください」と軽蔑的な調子で言い放っていたという。高等師範学校はフランス革命期に創設されたエリート養成の教育機関で、当時はパリ郊外に女子校があり(高等師範学校が男女共学となるのは一九八一年から)、選抜試験も男女別だった。女子学生の多くは哲学教育におけるこうした女性蔑視の状況を甘受していたという。マラブーが博士課程での研究対象にヘーゲルを選んだのは、こうした女性に不利な研究状況に対する反骨精神からだ。応用哲学でも、芸術哲学でもなく、ヘーゲルというまさに王道の哲学の研究に専心することで、彼女は男性哲学者に負けないように、鋭利な概念や堅固な論証の技法を身につけることを誓った。

マラブーは「女性哲学者」という概念は虚しいと言う。一方で、西洋哲学史において、女性哲学者がほとんど認められていないことは哲学による暴力の結果である。他方で、逆説的だが、女性哲学者の不在は、哲学という男性的な営みに対する女性たちの闘争と決断をも含意している。マラブーはこう苛烈に断言している。「哲学とは女性の墓碑である。哲学は女性にいかなる立場も、いかなる場も与えないし、獲得するべきものを何も与えてくれない。周知の通り、西欧哲学の伝統とは、女性を排除し、その価値を貶めることで最悪の男性優位的な暴力の共犯者と化した伝統である。女性哲学者たちの説得は叶わず、彼女たちは少なくとも象徴的な仕方で、非 - 主体として搾取され続けている。形而上学の系譜学において、女性たちには、何も彼女たち自身のものとして開放されてはいない。哲学の可能性はその大部分において、女性の不可能性と結びついているのである」(CD, p. 117)。

こうした隷従的な状況下でマラブーは、男性並の哲学者になるべく二重の習熟をまねるように強いられた。まず、伝統的な哲学をマスターすることである。高等師範学校の学生時代から、さまざま基本的概念に通暁し、哲学の厳密な理解力を得ることが求められた。また同時に、マラブーはデリダに師事することで脱構築思想の習熟も課された。デリダは男性哲学者たちが伝統的に立脚してきた「男根ロゴス中心主義」を手厳しく告発し、現前性の秩序において隠蔽され抑圧されてきたエクリチュールや痕跡に着目する。マラブーはデリダの思索に同伴しつつ、長い間、エクリチュールを女性の立場と同一視していた。現前性を優位に据える形而上学のもとで排除されてきたエクリチュールは、その周縁化された境遇を女性と分かち合っていると考えていたのだ。

だが、女性に関するデリダのいくつかの言説において、マラブーは違和感を感じるようになる。彼の思想にも男性的な権威が残っており、女性はその権威に従うしかない構造があるのではないか。脱構築においても、女性は自分自身の思想を練り上げることはできないのではないか。「私は認めざるをえなかったのだが、脱構築は何かを創造するための現実の自由を女性たちにもたらさなかった。脱構築をもとにして、いかなる「女性哲学者」を考案することができただろうか」(CD, p. 136)。

マラブーはデリダへの尊敬の念を絶やすことはない。しかし、形を欠いた痕跡の概念ではなく形の運動である可塑性概念を用い、脳科学との対話による哲学の刷新を目指し、女性の問いの哲学的考察に専心するなど、彼女はデリダ流の脱構築の手法とは異なる道を選んできた。本書でも、デリダによって西欧哲学における「男根ロゴス中心主義」は糾弾されたものの、女性の快楽の論点は考慮されていないと指摘されており(一五〜一六頁)、マラブーは自分なりの脱構築的手法で「女性哲学者」の論を展開しようとしている。デリダは哲学体系の「不完全な隅石」を起点としてその男性中心主義を脱構築した。マラブーはさらに、別のセックスやジェンダーの視座から読解可能となり、別の意味を発生させる「ロゴスのクリトリス帯の現前が〔テクストに〕しるしづけられる」（本書、一五六頁）としているが、本書の精髄をなす実に見事な表現である。テクストの「クリトリス帯」は哲学者らがみずからの快楽を感じる場であり、生物学的・社会的な性との同一化への隔たりを感じさせる場なのである。

＊

本訳書でマラブーは本質主義的な「女性」の概念を考慮しつつ、だが、これとは異なる「女性的なもの」の概念を追究している。

一方で、男女の性的差異に立脚した伝統的なフェミニズムがある。他方で、ジェンダー研究やクィア研究によるポストフェミニズムの展開では、そうした二分法を構成する文化的・社会的な規範が問われる。マラブー自身は、本質主義と反本質主義といった双方のフェミニズムを対話させ、哲学的な視座から性的差異を問い直したいとしている。本書でも配慮されているのは、ボーヴォワール的なフェミニズムと現代のフェミニズムの双方からの生産的読解である（一六～二〇頁）。

マラブーはフェミニズムの文脈で用いられる「本質」という概念が不適切だと考えている

（本書、九八頁）。本質はある事物を成立させているその固有の性質であり、固定され不変のものとみなされる。ただ、古代ギリシアにおいて、存在や本質を表現する語彙は多様であり、諸事物が時間とともに、論理的に変化しうるとされていた。事物の本質は運動性であって、本質には可塑性がある。したがって、本質概念を固定的な性質とみなして批判するのは、哲学的に十分な理解に達していないのだ。

『差異の変換』では、女性を反本質主義化する思想として、ジェンダー研究やデリダの脱構築への違和感も表明される。ジェンダー研究において、本質は、生物学的な規定性と社会的な構築性の粗雑なアマルガムとされてはいないだろうか。自然主義的な規定性と、異性愛規範に基づく女性の文化的アイデンティティの双方が不動の本質をなしているとされるが、その精緻な分析が必要である。また、脱構築思想において、本質の概念は、ある事物がもっている形式や理念の存在論的意味と関連づけられる。本質や形式は形而上学の伝統のなかで意味を発揮するその現前性や明証性において批判される。「形式や本質といった言葉には脱構築以後、いかなる未来もない」（CD, p. 114）。

ジェンダー研究にしろ、脱構築思想にしろ、女性を脱本質化させることは、ある意味で、女性に対する暴力に通じていないだろうか。本質を欠いた存在とされるがゆえに、女性は家庭や社会においてたえず暴力を被ってきたのではないか。「女性はもはや何ものでもなく、その

「存在の無」が実存し続けるように仕向ける暴力でしかない。みずからを否定するものによって形成される存在論的な断端」(CD, p. 115)。

本書をめぐる最近のインタビューでマラブーはこう述べている。「女性の概念を女性的なものへと拡張することが重要だと思います。女性的なものは女性も包み込みますが、ある仕方でクリトリスに関する存在形式や存在様式をも意味します。もはや支配関係ではないエロス的で社会的な関係に捧げられるのです」(« Le plaisir effacé, clitoris et anarchie », *Lundimatin*, le 24 mai 2021)。伝統的なファロス中心主義を批判することはつねに重要だが、男性のファロス的権力に対抗する女性という異性愛図式にとらわれ、この構図だけを再生産しないようにする必要がある。マラブーが「女性」のカテゴリーを拡張して「女性的なもの」と表現し、男性やトランスジェンダー(さらには別の何か)にも適用しうるとするのは、こうした旧来の戦線をずらすためである。

＊

クリトリスは生殖器官たるヴァギナとは対照的に、快楽の器官として長らくその存在と意味が否定され、忘却されてきた。これまでほとんど論じられてこなかったクリトリスの快楽をいかに肯定すればよいのか。マラブー自身、五年前に学生から「男根中心主義をそれほど論じているのに、なぜクリトリスに言及しないのか」と問われて衝撃を受けて、関連文献の読解を始めた。本書は、マラブーが女性的なものの問いにクリトリスという形象からあらためて取り組んだ著作である。本書はその独創的な内容からすぐさま反響を呼び、英語やドイツ語、スペイン語などいくつもの言語での翻訳が決まっている。

本書で主に参照される分野は、哲学（サルトル、ボーヴォワール）、精神分析（ドルト、ラカン、イリガライ）、ジェンダー理論（カルラ・ロンツィ、ポール・B・プレシアド）である。また、ニンフの神話・美術的表象、ラース・フォン・トリアーの映画『ニンフォマニアック』、女性性器切除の今日的な問題にも言及され、議論の幅が広がっている。

クリトリスはヴァギナとともに、あるいはヴァギナに対抗して理論化されるべきなのか。クリトリスは女性に特有の器官なのか、その権能を称揚するべき女性のファロスなのか。

マラブーはヴァギナとクリトリスを生殖器官と快楽の器官の弁証法とはしない。女性の性的ステータスをめぐって、生殖と快楽をめぐる優劣の議論に決着をつけるのではなく、双方の隔たりの経験が重要である。クリトリスの思考は隔たりの経験をなすことである。「生物的なものと象徴的なもの、肉体と意味の隔たり。〔…〕「女」という生き方の要求と「女」というカテゴリーの棄却の隔たり」（本書、一四頁）。隔たりは自己と他者の差異、自己への差異、性的差異といった差異の概念とも異なる。同一性と差異の相関関係を裁ち切り、両者のあいだに間隔と遅延をもたらすことでその多様性を浮き彫りにするのである。デリダが提唱した「差延」が差異と隔たりの出会いから生まれ、時間化と空間化を指し示していたことを引き合いに出すこともできるだろう（マラブーが用いる「隔たり」に関しては、「隔たりの差異――ハイデガーとレヴィ＝ストロース」（『真ん中の部屋』所収）も参照されたい）。

カルラ・ロンツィにならって、男性のファロス中心主義に対して、ヴァギナに服従しないクリトリスを女性の抵抗の源泉とみなすこともできる。クリトリスの享楽は女性の自立した主体化をもたらし、「一人称で考える」という新たな意識変革をもたらす（本書、八八頁）。クリトリスである、ゆえに我あり（Clito, ergo sum）。ただし、マラブーはクリトリスを通じた女性解放を称讃しつつも、ファロス的な権力の再構成を警戒し続ける。「クリトリスを女性だけのものとすると、私が告発したい支配の挙措を再生産してしまう危険があります。つまり、ファロスを奪われ、権力を奪われた女性というカテゴリーに女性を閉じ込めてしまいます。また、男性にはペニスがあり、女性にはクリトリスがあるという旧来の異性愛の図式を再生産してしまいます」（« Le plaisir effacé, clitoris et anarchie », art. cit.）。クリトリスはファロスの女性的相関物とはならず、あくまでも「女性に対する女性的なものの過剰、ジェンダーそのものに対するジェンダーの可塑性の過剰」（本書、一四八頁）を感知させるのだ。

本書の末尾で、マラブーはクリトリスをアナーキーとして論じ、権力と支配から解放された女性的なものの思考を描き出す。アナーキーとはたんなる無秩序ではなく、誰からも命令を受けない自己自身による秩序である。ヴァギナとの隔たりにおいてみずからを構成するクリトリスはあらゆる服従を断ち切る抵抗点となるのだ。とはいえ、「しかし、原理を欠くとは記憶をもたないことではない」（本書、一六七頁）という繊細な一節を重く受け止めるべきだろう。クリトリスは、今日に至るまで女性に向けられてきたあらゆる種類の暴力――性器削除、レイプ、フェミサイド、ハラスメントを記憶している。女性的なものはトラウマや喪の形式で「亡霊」のように存続している。本書は、女性たちの数多の痛苦に、みずからの苦悩に応答しようとする女性哲学者マラブーの果断な闘いそのものなのである。

＊

本書は、マラブーが二〇一七年頃から着手している長期的な研究プロジェクト「哲学とアナーキズム」の一環である。結尾ではクリトリスの非統治性が示されているが、これは後続の研究プロジェクトへの導入となっている。マラブーからすれば、哲学者たちはアナーキズムの概念を十分に問うてこなかったようにみえる。anarchie（アナーキー）はギリシア語arkhos（支配、統治）に「否定や欠如」を示す接頭辞 a- が付けられた言葉で、ここには支配や命令の問いが含まれている。原初的な支配状態があり、のちに転覆されるのではなく、その起源においてすでに支配や統治の破断が生じているのではないか。次回作では、バクーニン、プルードン、クロポトキンからマレイ・ブクチンまでのアナーキズムの社会思想家や数々の社会実践を踏まえつつ、デリダやフーコー、ランシエール、アガンベン、ライナー・シュールマンが「アナーキズムなきアナーキー」の視座から論じられる予定である。

＊

翻訳に関しては、第一〜七章の訳稿を西山、第八〜一五章を横田が作成し、互いの原稿を見直して適宜修正を施し、西山が訳語や表現の統一を図った。原註における参照文献の頁数などの明らかな間違いについては断りなく訂正を施している。

法政大学出版局の高橋浩貴氏には訳文に的確な指示をしていただき、短期間にもかかわらず出版に至るまで適切にサポートしていただいた。心より感謝申し上げる次第である。

二〇二一年七月一五日

西山雄二

《叢書・ウニベルシタス　1133》
抹消された快楽
クリトリスと思考

2021年 8 月25日　初版第 1 刷発行

カトリーヌ・マラブー
西山雄二・横田祐美子 訳
発行所　一般財団法人　法政大学出版局
〒102-0071 東京都千代田区富士見2-17-1
電話 03(5214)5540　振替 00160-6-95814
組版：HUP　印刷：三和印刷　製本：積信堂

Printed in Japan
ISBN978-4-588-01133-7

著者略歴

カトリーヌ・マラブー（Catherine Malabou）

1959年、アルジェリア生まれ。イギリス・キングストン大学教授。ドイツ・フランス近現代哲学。主な著書に『わたしたちの脳をどうするか――ニューロサイエンスとグローバル資本主義』（桑田光平・増田文一朗訳、春秋社、2005年）、『ヘーゲルの未来――可塑性・時間性・弁証法』（西山雄二訳、未來社、2005年）、『新たなる傷つきし者――フロイトから神経学へ　現代の心的外傷を考える』（平野徹訳、河出書房新社、2016年）、『明日の前に――後成説と合理性』（平野徹訳、人文書院、2018年）、『偶発事の存在論――破壊的可塑性についての試論』（鈴木智之訳、法政大学出版局、2020年）、『真ん中の部屋――ヘーゲルから脳科学まで』（西山雄二・星野太・吉松覚訳、月曜社、2021年）、編著に『デリダと肯定の思考』（高橋哲哉・高桑和巳・増田一夫監訳、未來社、2001年）などがある。

訳者略歴

西山雄二（にしやま・ゆうじ）

1971年生まれ。東京都立大学教授。現代フランス思想。著書に『異議申し立てとしての文学――モーリス・ブランショにおける孤独・友愛・共同性』（御茶の水書房、2007年）、『哲学への権利』（勁草書房、2011年）、編著書に『終わりなきデリダ――ハイデガー、サルトル、レヴィナスとの対話』（法政大学出版局、2017年）、『いま言葉で息をするために――ウイルス時代の人文知』（勁草書房、2021年）、訳書にカトリーヌ・マラブー『ヘーゲルの未来――可塑性・時間性・弁証法』（未來社、2005年）、『真ん中の部屋――ヘーゲルから脳科学まで』（共訳、月曜社、2021年）、ジャック・デリダ『条件なき大学』（月曜社、2008年）、『哲学への権利』（共訳、全2巻、みすず書房、2014–2015年）、『獣と主権者』（共訳、全2巻、白水社、2014–2016年）、『嘘の歴史 序説』（未來社、2017年）などがある。

横田祐美子（よこた・ゆみこ）

1987年生まれ。立命館大学衣笠総合研究機構助教。現代フランス哲学、フェミニズム。著書に『脱ぎ去りの思考――バタイユにおける思考のエロティシズム』（人文書院、2020年）、論文に「終わりなき有限性――ジャン゠リュック・ナンシーにおける「外記」としてのエクリチュール」（『関東支部論集』、日本フランス語フランス文学会関東支部、第29号、2020年）、共訳書にミカエル・フッセル『世界の終わりの後で――黙示録的理性批判』（法政大学出版局、2020年）、ボヤン・マンチェフ『世界の他化――ラディカルな美学のために』（法政大学出版局、2020年）などがある。

叢書・ウニベルシタスより

（表示価格は税別です）

1074 左翼のメランコリー　隠された伝統の力　一九世紀〜二一世紀
E. トラヴェルソ／宇京頼三訳　3700円

1075 幸福の形式に関する試論　倫理学研究
M. ゼール／高畑祐人訳　4800円

1076 依存的な理性的動物　ヒトにはなぜ徳が必要か
A. マッキンタイア／高島和哉訳　3300円

1077 ベラスケスのキリスト
M. デ・ウナムーノ／執行草舟監訳／安倍三﨑訳　2700円

1078 アルペイオスの流れ　旅路の果てに〈改訳版〉
R. カイヨワ／金井裕訳　3400円

1079 ボーヴォワール
J. クリステヴァ／栗脇永翔・中村彩訳　2700円

1080 フェリックス・ガタリ　危機の世紀を予見した思想家
G. ジェノスコ／杉村昌昭・松田正貴訳　3500円

1081 生命倫理学　自然と利害関心の間
D. ビルンバッハー／加藤泰史・高畑祐人・中澤武監訳　5600円

1082 フッサールの遺産　現象学・形而上学・超越論哲学
D. ザハヴィ／中村拓也訳　4000円

1083 個体化の哲学　形相と情報の概念を手がかりに
G. シモンドン／藤井千佳世監訳　6200円

1084 性そのもの　ヒトゲノムの中の男性と女性の探求
S. S. リチャードソン／渡部麻衣子訳　4600円

1085 メシア的時間　歴史の時間と生きられた時間
G. ベンスーサン／渡名喜庸哲・藤岡俊博訳　3700円

1086 胎児の条件　生むことと中絶の社会学
L. ボルタンスキー／小田切祐詞訳　6000円

1087 神　第一版・第二版　スピノザをめぐる対話
J. G. ヘルダー／吉田達訳　4400円

叢書・ウニベルシタスより

（表示価格は税別です）

1088 アドルノ音楽論集　幻想曲風に
Th. W. アドルノ／岡田暁生・藤井俊之訳　4000円

1089 資本の亡霊
J. フォーグル／羽田功訳　3400円

1090 社会的なものを組み直す　アクターネットワーク理論入門
B. ラトゥール／伊藤嘉高訳　5400円

1091 チチスベオ　イタリアにおける私的モラルと国家のアイデンティティ
R. ビッツォッキ／宮坂真紀訳　4800円

1092 スポーツの文化史　古代オリンピックから21世紀まで
W. ベーリンガー／髙木葉子訳　6200円

1093 理性の病理　批判理論の歴史と現在
A. ホネット／出口剛司・宮本真也・日暮雅夫・片上平二郎・長澤麻子訳　3800円

1094 ハイデガー＝レーヴィット往復書簡　1919–1973
A. デンカー編・註／後藤嘉也・小松恵一訳　4000円

1095 神性と経験　ディンカ人の宗教
G. リーンハート／出口顯監訳／坂井信三・佐々木重洋訳　7300円

1096 遺産の概念
J.-P. バブロン，A. シャステル／中津海裕子・湯浅茉衣訳　2800円

1097 ヨーロッパ憲法論
J. ハーバーマス／三島憲一・速水淑子訳　2800円

1098 オーストリア文学の社会史　かつての大国の文化
W. クリークレーダー／斎藤成夫訳　7000円

1099 ベニカルロの夜会　スペインの戦争についての対話
M. アサーニャ／深澤安博訳　3800円

1100 ラカン　反哲学3　セミネール 1994–1995
A. バディウ／V. ピノー校訂／原和之訳　3600円

1101 フューチャビリティー　不能の時代と可能性の地平
F. ベラルディ（ビフォ）／杉村昌昭訳　3600円

叢書・ウニベルシタスより

（表示価格は税別です）

1102 アメリカのニーチェ　ある偶像をめぐる物語
J. ラトナー゠ローゼンハーゲン／岸正樹訳　5800円

1103 セザンヌ゠ゾラ往復書簡　1858–1887
H. ミトラン校訂・解説・注／吉田典子・高橋愛訳　5400円

1104 新しい思考
F. ローゼンツヴァイク／村岡晋一・田中直美編訳　4800円

1106 告発と誘惑　ジャン゠ジャック・ルソー論
J. スタロバンスキー／浜名優美・井上櫻子訳　4200円

1107 殺人区画　大量虐殺の精神性
A. デ・スワーン／大平章訳　4800円

1108 国家に抗するデモクラシー　マルクスとマキァヴェリアン・モーメント
M. アバンスール／松葉類・山下雄大訳　3400円

1109 イシスのヴェール　自然概念の歴史をめぐるエッセー
P. アド／小黒和子訳　5000円

1110 生の肯定　ニーチェによるニヒリズムの克服
B. レジンスター／岡村俊史・竹内綱史・新名隆志訳　5400円

1111 世界の終わりの後で　黙示録的理性批判
M. フッセル／西山雄二・伊藤潤一郎・伊藤美恵子・横田祐美子訳　4500円

1112 中世ヨーロッパの文化
H. クラインシュミット／藤原保明訳　7800円

1113 カオス・領土・芸術　ドゥルーズと大地のフレーミング
E. グロス／檜垣立哉監訳／小倉拓也・佐古仁志・瀧本裕美子訳　2600円

1114 自由の哲学　カントの実践理性批判
O. ヘッフェ／品川哲彦・竹山重光・平出喜代恵訳　5200円

1115 世界の他化　ラディカルな美学のために
B. マンチェフ／横田祐美子・井岡詩子訳　3700円

1116 偶発事の存在論　破壊的可塑性についての試論
C. マラブー／鈴木智之訳　2800円